suhrkamp taschenbuch 205

Max Frisch, am 15. Mai 1911 in Zürich geboren, lebt heute in seiner Geburtsstadt und in Berzona. Seine wichtigsten Prosaveröffentlichungen: *Tagebuch 1946–1949* (1950), *Stiller* (1954), *Homo faber* (1957), *Mein Name sei Gantenbein* (1964), *Tagebuch 1966–1971* (1972), *Dienstbüchlein* (1974), *Montauk* (1975), *Der Traum des Apothekers von Locarno*. Erzählungen (1978), *Der Mensch erscheint im Holozän*. Eine Erzählung (1979), *Blaubart*. Erzählung (1982). Stücke u. a.: *Graf Öderland* (1951), *Don Juan oder Die Liebe zur Geometrie* (1953), *Biedermann und die Brandstifter* (1958), *Andorra* (1961), *Biografie: Ein Spiel* (1967), *Triptychon*. Drei szenische Bilder (1978). Sein Werk, vielfach ausgezeichnet, erscheint im Suhrkamp Verlag.

Das *Dienstbüchlein* enthält Max Frischs zweite Erinnerung an seine Schweizer Militärzeit von 1939 bis 1943. »Ich bin ungern Soldat gewesen. Immerhin sind Erfahrungen nicht abzugeben mit der Uniform, Erfahrungen mit unserem Land, mit sich selbst.« An diese Erfahrungen erinnert sich Max Frisch heute, an 650 Militärtage ohne Arrest. »Indem ich mich heute erinnere, wie es damals so war, sehe ich es natürlich nach meiner Denkart heute. Ich wundere mich, wieviel man hat erfahren können, ohne es zu sehen.«

Max Frisch
Dienstbüchlein

Suhrkamp

Geschrieben 1973.
Ende der Niederschrift Oktober 1973.

suhrkamp taschenbuch 205
Erste Auflage 1974
© Suhrkamp Verlag Frankfurt am Main 1974
Suhrkamp Taschenbuch Verlag
Alle Rechte vorbehalten, insbesondere das
des öffentlichen Vortrags, der Übertragung
durch Rundfunk und Fernsehen
sowie der Übersetzung, auch einzelner Teile.
Satz: LibroSatz, Kriftel
Druck: Ebner Ulm · Printed in Germany
Umschlag nach Entwürfen von
Willy Fleckhaus und Rolf Staudt

10 11 12 13 – 88

Dienstbüchlein

Unterwegs im Tessin, vom Wagen aus, sehe ich Militär im Gelände. Unser Militär. Ein Jeep, Offiziere feldmarschmäßig, später eine Kolonne von schwärzlichen Camions und Soldaten drauf, ebenfalls feldmarschmäßig. Es ist nicht leicht, eine solche Kolonne zu überholen. Die Soldaten haben jetzt viel Haar, der Helm ist noch der gleiche, und sonst fällt mir dazu nichts ein. Militär. Geduld; das Gedächtnis bleibt stumm. Nachdem ich, Veteran in Limousine, endlich habe vorfahren können: nochmals ein Jeep, ein Leutnant, ein Funker mit Funkgerät, dann ist's vorbei, und wenn ich nicht will, so brauche ich mich nicht zu erinnern.

Ich besitze noch das sogenannte Dienstbüchlein (der Diminutiv ist offiziell) mit Sanitarischen Eintragungen (Sehschärfe, Hörschärfe) und Verzeichnis der Mannschaftsausrüstung (»Stahlhelm leihweise: 1 Stück 1931, 1 Stück 1952«), mit Stempeln von Kommando-Stellen und Handschriften zur Beglaubigung geleisteter Dienste (insgesamt 650 Tage) in graues Leinen gebunden, nicht allzu verschlissen.

Gewehrfett, der Geruch von braunen Wolldecken, die man über den Hals und an das Kinn zieht, Kampfer, Suppe aus der Gamelle, Tee aus der Gamelle, Schweiß in der Mütze und Seife gegen kalten Schweiß, der Geruch in Kasernen, Soda, der Geruch von Kartoffelschalen, Leder, der Geruch von nassen Socken. Geruch von trockenem Stroh in Ballen, zusammengebunden mit Draht, der mit einem Schlag des Bajonetts aufzutrennen ist, Staubwolken in einem Schulzimmer und der Geruch von Kreide, Geruch von verschossenen Patronen, Latrine, Karbid, der Geruch, wenn man die Gamelle putzt mit Büscheln von Gras und entfettet mit Erde, dieser Geruch von Erde und Blech und Gras und immer noch Suppe, der Geruch von vollen Aschenbechern in der Wachtstube, von Männern, die in Uniform schlafen — Gerüche, die es nur beim Militär gab.

Ich bin ungern Soldat gewesen. Immerhin sind Erfahrungen nicht abzugeben mit der Uniform, Erfahrungen mit unserem Land, mit sich selbst.

Was das Gedächtnis gerne freigibt: diese frühen Morgen im Gelände, Morgengrauen um die getarnten Geschütze zwei Stunden vor Sonnenaufgang (heute stehe ich wieder öfter um diese Zeit auf) und der herbstliche Waldboden, wenn es raschelt bei jedem Schritt, und der sommerliche Waldboden, Summen von Insekten, und der gefrorene Waldboden im Winter, wenn man einen Graben auszupickeln hat für die Lafette des Geschützes. Und die verschiedenen Sorten von Schnee: der Kristall-Schnee, der in der Sonne glitzert, und der Schnee, wenn es regnet, der Schnee, der an der Schaufel klumpt, der schwere Schnee und der Schnee, der ins Gesicht weht, und der Schnee von einer alten Lawine, der harte Schnee, der Schnee im Sommer, wo man die Absätze einschlagen muß, damit man nicht ausgleitet mit Sack und Pack, und der Schnee im Winter, der frische

Schnee, in den man einsinkt bis zur Hüfte. Das alles kennt auch der Bergsteiger, aber anders; er stapft freiwillig, er kann entscheiden, ob es einen Sinn hat, weiterzugehen, ob gerade hier. Unter dem Kommando eines Leutnants, der nie Bergsteiger gewesen ist, erfährt man mehr über den Schnee. Erfahrung von Jahreszeiten, von Tageszeiten bei jedem Wetter; nie habe ich so viel Nebel erlebt wie beim Militär, nie so viele Sterne wie auf der Wache. Und die verschiedenen Sorten von Regen. Es kam vor, daß wir bei Regen uns unter ein Dach stellen durften; in der Regel aber wurde Regen zu einem Erlebnis. Ebenso die Hitze, Staub in der Kolonne; einmal die Erlaubnis, die Arme und den Nacken und das Gesicht unter die Röhre eines Dorfbrunnens zu halten und zum Schluß, als man den Befehl schon gehört hatte, nochmals die Arme. Sofort meldet sich auch ein gewisser Stolz: man hat Kisten getragen, ein Student, der sich vor Arbeitern nicht lächerlich machte. Munitions-Kisten oder Kisten voll Schanzwerkzeug. Man hat allerhand gekonnt: eine Tanne fällen oder dreißig Schweine aus dem Zielgelände treiben, für einen Einzelnen keine Kleinigkeit. Einmal habe ich eine Handgranate, vom Nebenmann nicht richtig geschleudert, gerade noch erwischt und über den Wall geworfen. Und im übrigen die Stunden oder Minuten einer simplen Lust, ich weiß nicht mehr, wo es gewesen ist und in welchem Jahr zwischen Dünkirchen und Stalingrad; die simple Lust, im Gras zu liegen oder die nackten Füße in einen kalten Bach zu hängen. Vieles dieser Art. Wenn die Armee nicht wissen konnte, wo man sich in diesem Augenblick befand, und man hockte an einem Kamin, während es draußen regnete, ein Rumpelstilz in Uniform; ich konnte mich mit der alten Tessinerin kaum verständigen, aber ich durfte Käse schmelzen an der Glut und gleichzeitig die Socken trocknen, und vor allem erreichte mich eine Stunde lang kein Befehl — Glückseligkeit, wie es sie nur beim Militär gab.

1931, am Ende der Rekrutenschule gefragt, ob ich Offizier werden wolle, lehnte ich ab. Ich war damals Germanistik-Student. Auch für die zivile Karriere ist es vorteilhaft, Offizier zu sein in unsrer Armee, das wußte ich schon. Mein älterer Bruder zum Beispiel, gesundheitlich der Schwächere, war Leutnant geworden, weil er Chemiker war, Stellensuchender bei der chemischen Industrie; das begriff ich. Der Major, als ich kein Interesse zeigte, Offizier zu werden, wurde sauer: Warum nicht? Ich wollte nicht Anwalt oder Arzt oder Prokurist oder Mittelschullehrer oder Fabrikant werden, sondern Dichter; das konnte ich natürlich nicht sagen. Daher seine Frage, ob ich Kommunist sei.

Eine Art von Heimatkunde, wie man sie dem Militär verdankt: — Blick auf den Boden, in Einerkolonne bergauf, Blick auf den schmalen Pfad und die Schuhe des Vordermanns, man konnte dabei denken, was man wollte, als Person unbehelligt, solange man von Mann zu Mann den befohlenen Abstand einhielt, manchmal ein Blick ins Tal, dann wieder Blick auf den Pfad, von vorne oder von hinten mit Zoten beliefert, sofern Sprechen gestattet war, zum Stumpfsinn entschlossen, um die Kräfte zu schonen, dabei willig und einverstanden mit dem Zweck der Übung und zufrieden mit dem eigenen Körper, zeitweise fast ohne Bewußtsein und Schritt für Schritt hinter dem Vordermann und im befohlenen Abstand, dann wieder wie erwacht und im Bewußtsein, daß man deswegen nicht stehenbleiben kann, entzückt von der Flora, von einem Falter, von einer Ader aus weißem Quarz. Dann ein Stundenhalt; Helm ab, Karabiner ab. Selbstverständlich mußte der Korporal oder Leutnant darauf achten, daß die Gruppe sich nicht im Gelände zerstreute. Die meisten hockten sich hin, wo die Erlaubnis sie erreicht hatte. Zum Pissen durfte man immerhin austreten, etwas Einsamkeit in Büschen war gestattet. Spinnweben, Tannennadeln, Ameisen, vielleicht sogar ein Pilz, dazu Aussicht ins Tal; alles ganz gegenwärtig und trotzdem Gegenstand der Sehnsucht. Eine Rinde mit Harz. Eine Minute lang, während man pißte, war die Wahrnehmung sehr genau: Rinde mit Harz, Spinnweben, ein vertrockneter Pilz. Die Erwartung des Befehls (Karabiner umhängen, Helm auf!) steigerte das Entzücken zu einem ekstatischen Verlangen, einmal in seinem Leben hier zu sein und genau zu dieser Tageszeit. Dann also der erwartete Befehl. Nie in meinem Leben hatte ich größeres Heimweh als beim Militär.

Ich habe nie an Dienstverweigerung gedacht. Das Versprechen des Bundesrates und aller, die für unsere Armee sprechen konnten, die Beteuerung, daß die Schweiz sich militärisch verteidigen werde, deckte sich mit meinem Bedürfnis und persönlichen Willen. Ich war in Sorge um eine deutsche Jüdin in der Schweiz.

Die Batterie hatte vier Geschütze, Kaliber 7,5 cm, Krupp-Modell aus dem Jahr 1903, eigentlich Feldgeschütze, die sich im Gebirge leider nicht eigneten. Man konnte das Rohr nicht steil genug stellen. Deswegen gab es Böcke, schwer zu schleppen, dazu Schienen aus Eisen, auf denen die Geschütze sich auf diese Böcke schieben ließen, und überdies konnte man die Lafette eingraben, um eine steilere Schußbahn zu gewinnen. Zum Transport wurden sie auf die Camions verladen, jedesmal ein großer Krampf, aber solange wir nicht beschossen wurden, auch eine Übung zu unsrer körperlichen Ertüchtigung; das Heben der schweren Lafette, während die andern an den Stricken zogen, war die Arbeit, vor der ich mich fürchtete. Das brauchte andere Arme, als ich sie hatte.

Man rechnete mit dem deutschen Überfall. Ich hatte Angst. Ich war dankbar für alles, was nach Waffe aussah. Ich verweigerte mich jedem Zweifel an unsere Armee.

In der Schweizerischen Bundesbahn hatten die Offiziere selbstverständlich Erste Klasse zu fahren, der Soldat selbstverständlich Zweite Klasse. (Damals 2. Klasse und 3. Klasse.) Ob es verboten gewesen wäre, einen Zuschlag zu lösen und sich einmal in die Erste Klasse zu setzen, weiß ich nicht; ich kam auch nicht auf die Idee — es wäre für beide Seiten peinlich gewesen, kein Spaß und keine Selbstverständlichkeit, nur peinlich. Ein Gespräch? Traf ich im Zug einen guten Bekannten als Offizier, einen Kollegen, so unterhielten wir uns gerne und stundenlang, Offizier und Kanonier — draußen im Korridor. Da ging es. Sowohl die Offiziere drinnen im Abteil als auch Soldaten, die durch den Korridor der Ersten Klasse gehen mußten, konnten ja denken, wir seien Verwandte.

Obschon die Deutschschweizer, ausgenommen Schriftsteller und vielleicht Pfarrer, sich nur in der Mundart wohlfühlen, heißt es in der Befehlssprache unsrer Armee: Feuer! nicht Füür! Das ruft sich besser. Es heißt: Wache heraus! Jeder Mann hat die Volksschule besucht und versteht das Hochdeutsch, dessen die Befehlssprache unsrer Armee sich bedient, ohne Mühe. Zumindest wenn der Befehl sich an eine größere Gruppe richtet, hören wir nicht: Helm uuf! sondern: Helm auf! Besteht ein Befehl aus ganzen Sätzen, so bleibt es allerdings bei der Mundart; sonst könnte die Wirkung komisch sein, spätestens wenn der Kanonier den vernommenen Befehl wiederholen muß. Hingegen heißt es wieder: An die Gewehre! Und das ist überzeugend; wir sollen nicht meinen, daß wir hier zuhause sind. Die Hochsprache, wenn auch nur in Brocken verwendbar, gibt dem Befehl eine gewisse Verschärfung, ohne daß der Befehlende brüllen muß. Ein Feldweibel, der als Zivilist nie Schriftsprache spricht, muß sich zudem selber etwas zusammenreißen, wenn er ruft: Abteilung (statt: Abteilig), Sammlung (statt: Sammlig), und er gewinnt Autorität, wie er sie als Zivilist in keinem Wirtshaus hat. Dann wieder gibt es Übergänge; ein Leutnant sagt: Rauchen gestattet! der Korporal leitet weiter: Rouche gschtattet! Ein Hauptmann, der vor einen Major tritt, sagt nicht: D'Batterie isch parad! sondern er sagt: Herr Major, ich melde Batterie bereit! was hinwiederum den Höheren nicht zur Hochsprache nötigt; dieser sagt: Guet. Das steht ihm zu, Heimatlichkeit von oben, die Mannschaft ist dankbar dafür, daß er kein deutscher Major ist.

Was man auch nicht vergißt: dieser Stoff unsrer Uniform, wie er sich anfühlt. Ein starker Stoff, rauh am Hals, wenn man den Kragen nicht öffnen darf, ein steifer Stoff, wenn man den Arm biegt oder das Knie, ein Stoff, den man immerzu spürt. Wie einer meinte: In dieser Hose bist du ja müde, bevor du den Feind siehst. Auch wenn es einmal erlaubt war, so konnte man die Ärmel kaum heraufkrempeln. Ein Waffenrock, geeignet für ein Defilee; ein Kostüm, das den Mann nicht schont und eben einen Mann verlangt. Wenn wir Bunker bauten, gab es allerdings Arbeitskleider, um den Waffenrock zu schonen. Auch die Mechaniker, die unter die Camions kriechen müssen, hatten Arbeitskleider. Die Schuhe waren gut und schwer, keine hohen Stiefel; darüber die Röhrenhosen, die den Schnee hereinließen. Die Offiziere trugen Gamaschen. Die Mannschaft bekam Ohrenschutz, wenn es kalt war, auch Sonnenbrillen im Winter. Das Lederzeug war praktisch; es trug die vier Patronen-Taschen am Bauch, das Bajonett mit Säge. Tornister mit braunem Fell, darauf der gerollte Mantel, genannt Kaput. Wenn man ihn anziehen durfte oder mußte, so schützte er vor

Wind; bei Regen wurde er schwer vor Nässe wie ein Schwamm. Die Offiziere (schon nicht mehr die Unteroffiziere) trugen meistens eine Regenhaut, die undurchlässig war, auch leicht, und wie gesagt: Gamaschen. Der Helm war für alle gleich. Nur brauchten die Offiziere ihn nicht immer zu tragen, wenn die Mannschaft ihn zu tragen hatte, um sich für den Ernstfall dran zu gewöhnen. Die Offiziere trugen den Helm offensichtlich ungern; nicht weil sich die Mütze leichter trägt oder weil am Helm kein Dienstgrad zu erkennen ist. Ich weiß nicht warum. Der Helm, jedem Schweizerkind vertraut aus patriotischen Publikationen, stand ihnen etwas komisch, obschon sie ihn vor allem bei ernsten Anlässen trugen, bei Feldgottesdienst, bei Begräbnissen oder wenn sie bei dem Motorradfahrer aufsaßen. Dieser Helm, vorallem seit er zwecks Tarnung schwärzlich gespritzt war, paßte nicht ganz zu ihrem Kostüm oder umgekehrt. Ein Leutnant mußte den Helm schon öfter tragen als der Hauptmann; je niedriger der Dienstgrad, umso notwendiger der Helm übungshalber. Dasselbe galt für die Gasmaske; ich habe nie einen Major mit Gasmaske gesehen. Wenn es regnete, war der Helm übrigens angenehmer. Der Hauptmann mit Helm, das bedeutete, daß er einem Major oder Oberstleutnant oder Oberst (ohne Helm) die Kampfbereitschaft seiner Einheit vorführte; Manöver oder Defilee. Ferner trugen sie keinen Karabiner, sondern ihre Pistole, einen Säbel nur bei Gala-Anlässen.

Die Wahlen für den Nationalrat ergaben 1939 (Oktober) die folgende Sitzverteilung:
FREISINN	51 (48)
KATHOLISCH-KONSERVATIVE	43 (42)
SOZIALDEMOKRATEN	45 (50)
BAUERNPARTEI	22 (21)
LANDESRING	9 (7)
LIBERALE	6 (7)
DEMOKRATEN	6 (7)
DISSIDENTE SOZIALISTEN	4 (—)
FRAKTIONSLOSE	1 (5)

Die Sozialdemokratie, die zweitstärkste Partei zu dieser Zeit und vor vier Jahren noch die stärkste, war im Bundesrat nicht vertreten.

Woran erinnere ich mich genau? ... Kinderstimmen aus einer Klosterschule, überall blüht es, Vögel im stillen Klosterhof, ein heißer Tag, die Kinderstimmen wiederholen im Chor, was eine Nonne vorspricht, Sprüche von den guten Engeln und von den gefallenen Engeln, während ich, die Nase zusammengeklemmt mit der andern Hand, ein verstopftes Pissoir zu reinigen habe. Ein sommerlicher Tag. Die Deutschen in Paris — ich bin noch nie in Paris gewesen...

Die Bevölkerung war armeefreundlich. Räumung eines Schulhauses, Stroh im Schulhaus oder in der Turnhalle, aber das putzten wir nachher weg. Geschütze in der Wiese, aber der Flurschaden vergütet, der Pfarrer bekümmert um die Töchter im Dorf, der Wirt zufrieden und willig, Teller zu vermieten auch an die Mannschaft; die Tische wuschen wir selber. Kinder mit kleinen Kesseln bei der Feldküche; unsere Verpflegung war gut oder ordentlich. Die Bevölkerung, glaube ich, war überzeugt von der Kampfkraft ihrer Armee.

Gedächtnis, seine großen Lücken — dazwischen ist es wieder sehr genau und läßt sich nicht täuschen. Entweder schweigt es (wenn ich's nicht wissen möchte, wie es beim Militär eigentlich war) oder es widerlegt mich, wenn ich es täuschen möchte über mein Verhalten in der Uniform, meine Untertänigkeit täglich, die ich damals allen Ernstes für soldatisch hielt. Es mag schlecht sein, das Gedächtnis, aber es erfindet nicht das Zementrohr unter einem Apfelbaum im Mai 1940. Ich sitze auf diesem Zementrohr. Also Sterben fürs Vaterland. Was ich auf diesem Zementrohr (keine Ahnung, warum ein Zementrohr unter einem Apfelbaum) am meisten bedaure: nie mehr das Meer zu sehen. Vielleicht meine ich etwas anderes, wofür zu sterben ich bereit bin, wenn es losgeht. Plötzlich hat es keinen Zweck, länger auf diesem Zementrohr zu sitzen —

Unseren Fahneneid leisteten wir am 3. 9. 1939 bei Arbedo, Tessin; darüber schrieb ich in einem kleinen Tagebuch. (BLÄTTER AUS DEM BROTSACK). Ein Vorkommnis an jenem Tag, in meinem treuherzigen Tagebuch nur beiläufig erwähnt, nimmt sich im Gedächtnis anders aus; offenbar wollte ich damals einen Schock nicht zugeben . . . Der Hauptmann, der uns den Fahneneid abgenommen hat, heißt Wyss und befehligt zum ersten Mal unsre Batterie. Schon in der Eisenbahn ist er von Wagen zu Wagen gegangen, um Leute anzusprechen, die am Waffenrock die Nummer 73 tragen, Befehle im voraus zu geben, offensichtlich nervös. Der Ernst der Lage (Hitler überfällt Polen) betrifft alle, aber diesen Hauptmann offenbar besonders; er kennt uns nicht und ist auf uns angewiesen. Er ist nicht klein, nur etwas zu klein, kaum einer von der Mannschaft muß zu ihm hinaufschauen. Nachdem unser Fahneneid geschworen ist, gibt es viel zu tun, um Marschbereitschaft herzustellen. Verlad von Munition, Einteilung der vier Geschütz-Bedienungen. Dann, im Lauf dieses Tages, ist es so weit: Hauptmann Wyss kann unsere Reihe abschreiten. Von Zug zu Zug, von Mann zu Mann; jeder muß seine beiden Hände zeigen, erst Oberseite, dann Unterseite, als sei der Hauptmann ein Handleser, und dazu seinen Beruf angeben: Melker, Mechaniker, Hilfsarbeiter, Schmied, Maurer, Knecht, kaufmännischer Angestellter, Schlosser, Handlanger. Ein Hauptmann, der seine Soldaten kennen will. Ich zeige also meine Hände, erst Oberseite, dann Unterseite, ich sage: cand. arch. ETH. So werden wir eben genannt. Ich weiß in diesem Augenblick nicht, daß Hauptmann Wyss, der sich den Akademiker anschaut, im gleichen Fach tätig ist: Bau-Techniker ohne Hochschul-Diplom, aber offenbar in guter Stellung. Ich muß es wiederholen: cand.arch., und da diese Bezeichnung zu mißfallen scheint, sage ich: Student an der Eidgenössischen Technischen Hochschule. Es sind offenbar meine Hände, die ihm mißfallen; das sehe er, sagt er: Akademiker. Ich war verdächtig. Der Nächste: Packer. Das sind Hände. Nachdem alle ihre Hände gezeigt haben: Taktschritt in Vierer-Kolonne auf einem Gelände, das etwas steinig ist, Hauptmann Wyss auf einem kleinen Hügel nach Art der Feldherren auf alten Gemälden, Vierer-Kolonne mit Kopfschwenken zum Gruß. Plötzlich schreit es. Die Abteilung steht jetzt, Gewehr geschultert, wie versteinert, alle mit Blick gradaus; ich auch. Frankreich und England haben den Krieg erklärt. Vielleicht habe ich daran gedacht. Es schreit immer noch (ich erinnere mich nicht mehr an Wörter). Bis ich begreife, daß ich gemeint bin, ist die Stimme fast heiser: Sie, ja, Sie! Als ich vor ihm angetreten bin, schreit er nicht; er ist kreidebleich. Was ich mir einbilde. Das gebräuchliche Wort: Dienst-Auffassung. Es ist möglich, daß ich, als Außenmann, beim Schwenken der Vierer-Kolonne zu spät gekommen bin. Auch ihn, sagt Hauptmann Wyss, drücken die schweren Schuhe. Dann aber, nachdem er sich gefaßt zu haben scheint, und daran erinnere ich mich wörtlich: Für Leute wie Sie habe ich im Ernstfall ganz besondere Posten! Auf die Frage, ob ich antworten dürfe, schreit er, ob ich verstanden habe und Befehl: Eintreten! Ich habe verstanden, Hauptmann Wyss kann mich auf Posten schicken gemäß Fahneneid.

Wortlaut des Fahneneids:
»Ich schwöre (oder gelobe) der Eidgenossenschaft Treue zu halten, für die Verteidigung des Vaterlandes und seiner Verfassung Leib

und Leben aufzuopfern, die Fahne niemals zu verlassen, die Militärgesetze getreulich zu befolgen, den Befehlen der Obern genau und pünktlich Gehorsam zu leisten, strenge Mannschaftszucht zu beobachten und alles zu tun, was die Ehre und Freiheit des Vaterlandes erfordern.«

Was wir damals vom Krieg wußten? — Es gab an unseren Kiosken die Nazi-Illustrierten, SIGNAL, also Fotos: der deutsche Stuka (kurz vor dem Krieg habe ich diese Maschine anläßlich einer Internationalen Flugschau in Dübendorf gesehen, ebenso die Messerschmitt, vorgeführt von Udet) im Einsatz über Polen, die deutschen Panzer im Vormarsch auf rauchende Dörfer, die Hakenkreuz-Bomber beim Ausschütten ihrer Bomben, die deutsche Wehrmacht beim Einzug da und dort. Keine Ahnung von den Vorgängen im Warschauer Ghetto; das konnte noch niemand wissen. Anderes hätte man schon wissen können. Unsere Presse mußte sich in acht nehmen, vorsichtig sein, Goebbels hatte ein Auge auf sie. Die

Armee war auch vorsichtig; sie wünschte sich Soldaten, die nicht grübeln.

Der Ausdruck: Im Ernstfall. Gebräuchlich bei Vorgesetzten: Im Ernstfall könnt Ihr auch nicht unter dem Dach hocken. Korporale brauchten den Ausdruck übrigens seltener; wie es im Ernstfall zugeht, wußte erst der Oberleutnant. Zum Beispiel: Im Ernstfall gibt es auch keine warme Suppe. Schließlich übten wir ja für den Ernstfall, das war richtig. Beim Gewehrgriff, beim Ausrichten in Reih und Glied, beim Rollen des Kaputs usw. erwähnten sie den Ernstfall nicht; bei der Inspektion unserer Schuhe wohl. Da durfte kein Nagel fehlen in der Sohle, im Ernstfall kommt es auf alles an. Vor allem die Mannschaft mußte sich den Ernstfall stets vor Augen halten; die Offiziere, die im Gasthaus zum Löwen wohnten, konnten sich im Ernstfall leichter umstellen. Der Ausdruck erinnerte kaum an Tanks oder Flammenwerfer oder Bomben, dazu war der Major, der unserem nächtlichen Stellungswechsel beiwohnte, zu frisch rasiert und ein Herr, zu sicher, daß der Ernstfall seine Dispositionen rechtfertigen würde, und keinesfalls stünde er dort, wo er stand. Es war eben nicht der Ernstfall. Andererseits waren vom Ernstfall auch gewisse Erleichterungen zu erwarten, zum Beispiel durch die schlichte Benutzung einer Motorsäge aus Privatbesitz. Wir fragten uns schon auch, wie das oder das im Ernstfall wäre.

Ich drückte mich weniger vor dem Tragen der schweren Kisten als vor den Gesprächen; bei sogenannten Judenwitzen hörte ich weg. Einmal deutsche Juden in St. Moritz; sie trugen Pelzmäntel, während wir grad unsere staubigen Wolldecken klopften. Die Flüchtlingslager sahen wir nie. Ich wußte aber davon, wenn auch wenig.

Hätte unsere Armee gekämpft? Wie lang?

650 Tage ohne Arrest. Ich muß sehr gehorsam gewesen sein. Vorerst aus Einsicht: eine größere Gruppe kann wenig ausrichten, wenn sie nicht durch eine befehlende Vernunft zu lenken wäre. Ich verstand zu einem gewissen Grad, daß Gehorsam zu üben ist, sozusagen im Leerlauf. Dann wieder schien es, daß den andern der militärische Gehorsam leichter fiel als einem Studenten; sie waren schon gewöhnt zu tun, was verlangt wird; Maurer, Schweißer, Eisenleger, Elektriker, Dreher, Mechaniker, und was von ihnen verlangt wurde: Gewehrgriff, Vorbeimarsch mit Gruß, Taktschritt in der Kolonne oder einzeln, Gruß mit flacher Hand und Fingerspitzen an der Schläfe, Gruß durch ruckartiges Kopfschwenken zum Vorgesetzten, Blick rechts, Blick gradaus, Abteilung halt, Gewehr bei Fuß, Laufschritt, Liegen, Laufschritt und so fort. Eine halbe Stunde genügt, damit man nichts mehr denkt. Es war sogar ein gewisser Genuß dabei, man war nicht mehr vorhanden. Man vergaß die letzten Nachrichten von Hitler-Siegen. Indem ich einfach gehorchte, ging mich alles nichts mehr an. Es ist merkwürdig, wie Stumpfsinn die Kräfte schont. Ein Leutnant, der einen Laufschritt be-

fahl und diesen Laufschritt selber nur ohne Gepäck durchhielt, hätte ja Schikanen verhängen können; das ersparte man sich durch Gehorsam. Dafür erhielt dieser Leutnant dann ein gutes Führungszeugnis. Ein Laufschritt in solchem Gelände, Laufschritt mit Packung, und nicht einer in der Mannschaft hatte gemuckst; die Armee konnte sich auf diesen Leutnant verlassen. Während er sich vermutlich duschte, übernahm uns der Feldweibel, auch im Quartier gab es nichts zu mucksen: Helm auf Tornister, Schuhe davor, Wolldecke mit Schweizerkreuz nach oben, Waschlappen links und nicht rechts oder umgekehrt, und wer da auch nur blödelte, konnte seinen ganzen Plunder nochmals aufbauen; auch das ersparte man sich durch Gehorsam. Was die höheren Armeeführer sich von unserem Leckt-mich-am-Arsch-Gehorsam versprachen, war ihre Sache. Eine fügsame Mannschaft, auch am Geschütz eine Mannschaft im Zustand des Stumpfsinns; Gehorsam ohne Interesse, das Geschütz als ein Requisit für Drill.

Vaterland — vage Chiffre für ein starkes Gefühl, das ich hatte am 2. 9. 1939 auf den Bahnhöfen und im Zug voll Soldaten (ohne vaterländische Lieder). In der Mundart: Vatterland. Das Gefühl, das ich in den Dienst brachte, tönte eher nach Hölderlin, nach Gottfried Keller: Vaterland. Man möchte nicht, daß der Feldweibel, nur weil er einen schon wieder für die Sonntagswache ausgesucht hat, von Vaterland redet. Das konnte auch ein Leutnant nur sagen, solange wir ihn nicht kannten: das Vaterland erwarte von uns. In der Mannschaft wurde das Wort kaum gesprochen; es gehörte den höheren Vorgesetzten. Sogar ein Hauptmann tat besser dran, nicht Vaterland zu sagen, sondern: Unsere Armee. Was das Vaterland von uns verlangte, das bestimmte ja die Armee. Je höher der Offizier, umso vertrauter schien er mit dem Vaterland zu sein. Es hatte ihn bestellt, es hatte ihm das Gold an die Mütze und an den Kragen geheftet, es hatte ihm die Befehlsgewalt verliehen. Unsere Achtungstellung galt dem Vaterland. Insofern wirkte es überzeugend und selbstverständlich, wenn ein Major oder ein Oberst sagte: EUSES VATTERLAND. Selbstverständlicher als wenn ein Kanonier zu einem Oberst sagen wollte: EUSES VATTERLAND. Es rechnete mit uns, das Vaterland, aber wir waren nicht seine Sprecher, seine Stimme.

Bekanntlich gab es Gruppen im Land, die sich für einen Widerstand unter der deutschen Okkupation vorbereiteten. Wie ein solcher Widerstand vor sich gehen könnte, haben wir in der Armee nie gehört.

Bald gab es für Mannschaften eine zusätzliche Bluse, um den Waffenrock zu schonen, auch sogenannte Exerzier-Hosen. Feldgrau mit Fehlfarben. Sie lagen auf einem Stapel und wurden ungefähr nach Größe verteilt. Lieber zu groß als zu eng. Zu groß, das konnte komisch aussehen. Weswegen der Leutnant den einen und andern zurückschickte. Das Zeug war gebraucht, doch gereinigt, roch nicht nach Schweiß des Vorgängers, nur nach Zeughaus. Eine praktische Maßnahme. Exerzier-Bluse,

Exerzier-Hose, Exerzier-Mütze; die Hosen etwas gelber als die Bluse oder umgekehrt, das machte nichts, wenn man die Mütze nicht schief auf die Stirne setzte. In der Bahn, vor dem Einrücken, waren wir noch Bürger in Uniform, die Uniform als Ehrenkleid usw., jetzt eher wie Insassen einer Anstalt. Helm und Karabiner blieben persönlich. Abends zum Ausgang, wenn uns die Bevölkerung aus der Nähe sah, wieder Waffenrock.

Die Armee, die am 4. 9. 1939 ihre Stellungen bezogen hatte, zählte 430 000 Mann. Sie verfügte über 86 Jagdflugzeuge, zum Teil veraltete. Die Fliegerabwehr bestand zu dieser Zeit aus 7 Kanonen (7,5 cm) und 20 Geschützen (20 mm). Der Panzerabwehr fehlte es an Geschützen und Munition. Wenige Monate vor Ausbruch des Krieges, am 14. 4. 1939, hatte der Bundesrat ein Ausfuhrverbot für Waffen erlassen, das jedoch Ausnahmebewilligungen für private Firmen (Firma Bührle) vorsah.

In der ersten Zeit, als ich noch Student war, gab es ein gewisses Mißtrauen. Es verwunderte sie, daß ich, ein Studierter, nicht Offizier war. Als sie später mein Gehalt als Angestellter erfuhren, fanden sie es nicht in Ordnung, daß ein Studierter nicht mehr verdiente als sie. Wozu denn studiert? Unter vier Augen, zum Beispiel in einer Wachtstube, kam der eine und andere mit Fragen, als wisse ein Studierter in allem Bescheid, ausgenommen Schlosserei oder Molkerei oder Spenglerei oder Fuhrhalterei oder was grad ihre Lohnarbeit war. Ihr Verhältnis zu den Offizieren war entsprechend: Hochachtung aus Erwartung, daß der Privilegierte eben der Klügere sei. Kein Arbeiter wünschte im Ernst oder auch nur im halben Ernst (was genau so lächerlich gewesen wäre, da es ausgeschlossen ist), Offizier zu werden. Wie sollte er, ein Arbeiter ohne Maturität, am Feierabend mit diesen Herren reden? Die waren, vom Arbeiter aus gesehen, lauter Gebildete oder zumindest wohlhabend, daher berechtigt, die Truppe zu führen und in Betten zu schlafen. Sie verfügten über Fremdwörter. Was sie im Gefecht taugen würden, stand nicht zur Frage; sie hatten Kurse hinter sich und daher eine Art von Geheimwissen, wie es im Gefecht zugeht. Es mag sein, daß ein Arbeiter, ein gelernter, der in seinem Beruf gefährlicher lebt als ein Jurist, auch die Landkarte lesen könnte; er hat in seinem Beruf noch anderes gelernt. Was es aber braucht, um Leutnant zu sein, das ist mehr: ein gewisses Etwas. Das spürten die Leute. Unteroffizier ist noch möglich; ein Unteroffizier kommt mit Offizieren nur dienstlich zusammen, nicht auf einem Offiziers-Ball mit Damen. Was soll ein Kranführer auf einem solchen Ball? Das geht nicht. Es ist nicht einmal sein Wunsch. Wenn es darum geht, vier Geschütze über einen Bergbach zu bringen, dann kann es allerdings sein, daß ein Arbeiter besseren Rat weiß und sagt, wie wir's anstellen sollen. Das kam öfter vor. Aber auch dann fehlt ihm das gewisse Etwas, was ein Leutnant oder Oberleutnant einfach hat: Autorität nicht aus Sachverstand, sondern weil er auch im Zivil daran gewohnt ist, nicht Hand anzulegen, sondern Dienstmänner zu rufen. Ein Bürgersohn in der Uniform des Offiziers bleibt sich selbst; er kommandiert mit der gleichen Selbstverständlichkeit, wie er sonst, im Zivil, zu bestellen pflegt, was er oder sein Vater bezahlen kann. Spricht er nachher zu seinesgleichen, so sagt er: Meine Leute, Mein Zug usw. Der andere hingegen, der Arbeiter, ist das nicht gewohnt; er denkt: Wir. Auch wenn er brüllt, um seinen Sachverstand durchzusetzen, so brüllt er: Wir müssen stoßen. WIR, das gibt kein militärisches Kommando. Unter besonderen Umständen sagte auch ein Offizier: Wir. Dann wußten wir, daß er die Hosen voll hatte; dabei war kein Feind in Sicht, nur eine Havarie. Kaum war sie behoben, so hatte er wieder sein gewisses Etwas, das ja auch freundlich sein kann, wenn es nämlich mit der Bestellung klappt.

Der Hauptmann, der im Ernstfall einen besonderen Posten für mich gewußt hätte, war inzwischen Major geworden. Der neue Hauptmann, als er vor seiner Batterie stand und angesichts der Lage (11. 5. 1940) jeden von uns begrüßte, der aus dem Urlaub zurückgekommen war, blickte nicht auf die Hände, sondern in die Augen. Er schien zu wissen, daß ich ein Schreiber war und veröffentlichte. Er schätze

Ernst Jünger und hoffe, daß Ernst Jünger mein Vorbild sei als Schriftsteller und Soldat. Unsere Batterie war zu dieser Zeit nicht im Tessin, sondern in der Nordschweiz. Am 14. 5. 1940 gab es Hauptverlesen schon am Nachmittag, ganz und gar ungewöhnlich. Der neue Hauptmann sagte, morgen in der Frühe könnte es losgehen. Ob jemand noch eine Frage zu stellen habe. Er verlangte, daß jeder Mann sich rasiert und ausruht. Ausgang im kleinen Umkreis, wo es keine Wirtschaften gab. Und da standen wir unter Apfelbäumen im Mai. Ein warmer Nachmittag, ein blauer Abend. Die Nacht ohne Alarm; es ging nicht los, man hörte nur die Hähne in den Gehöften. Holland und Belgien waren an der Reihe. Unser Hauptmann war blond und rauchte Brissago. Frankreich hielt nicht stand, der Maginot-Traum war ausgeträumt. Wir hatten jetzt Zeit, unsere vier frischen Bunker (Deckenstärke 25 cm) mit Gras zu bepflanzen zwecks Tarnung. Unser Hauptmann keineswegs verwirrt durch die Nachricht, daß Hitler grad Paris besichtigte. Unsere Aufgabe war dem Tagesbefehl zu entnehmen, der Tagesbefehl nicht anders als sonst. Ob er uns beim Geschützdienst beobachtete oder im Büro stand, die schwarze Brissago im Mund, oder sonstwo, unser Hauptmann ließ keinen Zweifel, daß wir kämpfen werden, Frankreich hin oder her. Über Ernst Jünger zu sprechen ergab sich dann nicht mehr, obschon ich öfter im Büro beschäftigt war; ich hatte hier nicht Gespräche zu führen, sondern Schilder zu beschriften: BATTERIE BUREAU, MAGAZIN, WACHTLOKAL, SANITÄT usw. Er war zufrieden mit meiner Architekten-Schrift, ich konnte auch einen einfachen Lageplan leserlich zeichnen. Ein Dienst wie jeder andere, nicht als Bevorzugung zu mißverstehen; der tägliche Drill blieb mir deswegen nicht erspart. Ein korrekter Kommandant; jeder Mann war nach seinem Dienstgrad einzusetzen, und vier Akademiker in der Mannschaft machten ihm noch keine Sorge, eher Spaß. Kein Finsterling; er wünschte sich eine Batterie, die singt. Wie Pfadfinder am Lagerfeuer. Dann setzte er sich gerne dazu, um auch zu singen; nicht nur Vaterlandslieder, Gott behüte, die dreisten Reime stimmte er selber an. Danach war es ein Korporal oder Wachtmeister, der den Befehl zu geben hatte: Helm auf! Unser Hauptmann war Volksschullehrer.

Kein Anhänger von Hitler, glaube ich, aber der Sieg der deutschen Wehrmacht an allen Fronten stand für ihn als Fachmann außer Frage. Wenn ich mich nach dreißig Jahren nicht irre, hatte er wassergraue helle Augen. Wie Rommel ein ganzes französisches Bataillon in die Flucht jagte mit Leuchtraketen, ohne einen Schuß abzugeben, erzählte er nicht ohne Bewunderung, zugleich als Warnung, daß wir nie den Kopf verlieren dürften wie die Franzosen.

Alles in allem keine quälenden Erinnerungen. Ich bin nicht zusammengeklappt. Kein Anlaß also zu blinder Achtung vor Leuten, die sagen: Beim Militär, da hätten Sie etwas erlebt. Ich habe es erlebt —

Einmal ein Pater, der unserem Hauptmann eine Szene machte, weil wir uns am Dorfbrunnen wuschen; er duldete keine nackten Oberkörper in seinem Dorf. Unser Hauptmann redete von Hygiene. Vergeblich. Der schwarze Pater, den wir Kohlensack nannten, war außer sich; er fuchtelte. Einer von uns stand sogar in der Badehose. Der Pater: C'est le sport, c'est le Diable, c'est le communisme! Wir durften uns nicht mehr waschen, ohne das verschwitzte Hemd dabei zu tragen.

Nicht auffallen, als Erscheinung immer vertauschbar bleiben, das lernt sich in wenigen Wochen. In einer Pause etwas abseits zu stehen, während die andern zusammenhocken, ist schon nicht empfehlenswert; es kann ja sein, daß jetzt Schaufeln geholt werden müssen, und dafür eignet sich natürlich, wer in diesem Augenblick etwas abseits steht oder liegt (was gestattet ist) oder sonstwie auffällt, zum Beispiel indem er sich besonders lebhaft unterhält oder gerade etwas beobachtet. Das merken auch die Witzbolde; eben noch Mittelpunkt und laut und redelustig, vom Gelächter umgeben, verstummen sie, wenn ein Vorgesetzter in Sicht kommt, und dabei sind es keine Witze über Vorgesetzte gewesen, einfach Witze, eine

Zote, die dem Vorgesetzten auch gefallen würde, eine zivile Zote; der Vorgesetzte kommt zu spät; einige lachen zwar gerade noch, aber wo ist der Witzbold geblieben. Man soll sich in den Hirnen, die Befehle erfinden können, nicht einprägen. Das erspart die eine und andere Dreckarbeit. Jedes Buch, zum Beispiel, ist ungünstig. Es ist keine Strafe, die Latrine zu putzen, wenn sie verstopft ist; irgendeiner muß das ja besorgen. Meistens wird man nicht sofort erfaßt; der Feldweibel fragt, was für ein Buch man liest, und zeigt alle Achtung vor der Mathematik. Es braucht keine Ranküne zu sein, was in den nächsten Tagen darauf folgt; er braucht Leute, die nach Feierabend ins Magazin kommen, und dieser hat sich ihm eingeprägt. Ganz einfach. Wer sich beklagt, ob zu Unrecht oder zu Recht, fällt am meisten auf. Das weiß man bald. Wer sich nie beklagt, hat sich am wenigsten zu beklagen. Es gibt ein Beschwerde-Recht, auch das weiß man. Steht Aussage gegen Aussage, so gilt die Aussage des höheren Dienstgrades. Ich habe nie eine Beschwerde eingereicht.

Ich versuche mich zu erinnern, wie über Hitler geredet wurde. Wenig. Die deutsche Art war ohnehin nie beliebt gewesen, die deutsche Schnauze, der Sauschwab. Ich erinnere mich kaum an politische Auseinandersetzungen innerhalb der Mannschaft. Kein Hitler in der Schweiz, hier hatten die Deutschen nichts zu suchen. Ein politisches Feindbild wurde in unsrer Armee, soweit ich es erlebt habe, nicht aufgebaut. Der eine und andere brachte es von zuhause mit, zum Beispiel ein sozialdemokratischer Gemeinderat, der Gefreiter wurde. In dieser Stunde kannte die Armee keine Unterschiede mehr. Dienst war Dienst, der Wehrmann: ein Schweizer, der sein Vaterland verteidigt, unbekümmert um die friedlichen Besitzverhältnisse im Land. Wenn vom Feind die Rede war, so genügte das militärische Feindbild; sozusagen ein neutrales Feindbild. Was wir vom Feind zu wissen hatten: er schießt, wenn er unsere Taschenlampe sieht im nächtlichen Gelände. Er hat es abgesehen auf das Elektrizitätswerk, das wir mit unserem Leben und einem Karabiner verteidigen, und dabei in erster Linie auf Soldaten, die sich nicht an die Anweisungen ihres Offiziers halten. Ferner hat der Feind, wenn ein Leutnant oder Hauptmann von ihm redet, immer die fixe Idee, gerade dort oder ungefähr dort seine Minenwerfer aufzustellen, wo unsere Offiziere es annehmen. Insofern hatte man als Kanonier fast das Gefühl, der Feind verstehe sich mit unseren Offizieren. Er bestätigt ihre Dispositionen, und wenn nicht die Disposition eines Leutnants, so doch die Disposition eines Majors. Sollte er seine Messerschmitt einsetzen, der namenlose Feind, so wäre eine Flab (Fliegerabwehr-Batterie) in der Nähe; das mußte der Kanonier sich vorstellen, um sich bei seiner Arbeit am Geschütz nicht stören zu lassen. Alles in allem hat der Feind im Gelände immer die Stärke, die uns beim vollen Einsatz jedes Kanoniers durchaus eine Chance läßt; dabei kann er's von allen Seiten versuchen, sogar mit Fallschirmspringern, damit mußten zwei Leute mit leichtem Maschinengewehr rechnen. Übrigens wurde nicht zu oft vom Feind gesprochen; das ließ sich auch anders sagen: Zwei Mann mit leichtem Maschinengewehr schützen die Flanke. Kein Offizier, wenn er uns den Feind ins Bewußtsein bringen mußte, sagte: Nazi, Faschisten. Man kann nicht sagen, daß wir verhetzt wurden. Der Feind im Gelände brauchte gar kein Hitler-Soldat zu sein; wer immer unsere Neutralität verletzt —

Indem ich mich heute erinnere, wie es damals so war, sehe ich es natürlich nach meiner Denkart heute. Ich wundere mich, wieviel man hat erfahren können, ohne es zu sehen.

Einmal auf einem Berg im Tessin, Kommando-Posten unsrer Batterie, wurde ich zu einem Oberstleutnant bestellt. Der Oberstleutnant, weit weg, konnte mich nicht gesehen haben. Eigentlich war ich beschäftigt, nicht abkömmlich, da ich einen Rechenschieber bedienen konnte. Ich ordnete mein Lederzeug, bevor ich lief, dann Achtung-Stellung und Meldung: Kanonier Frisch. Ich erwartete einen Befehl. Was denkt man, wenn man sich nicht rühren darf und zu besichtigen ist wie eine Puppe im Schaufenster, dreißig Sekunden lang, vierzig Sekunden lang. Ein Adjutant, der neben dem Oberstleutnant wartete, schien auch nicht zu wissen, warum ich besichtigt wurde. Ohne hinunter blicken zu können, wußte ich, daß die Stellung meiner Schuhe richtig war, Absatz an Absatz; das spürt man nämlich. Die Meldung, die der Adjutant in der Hand hatte, schien dringlicher zu sein; der Oberstleutnant nahm sie nunmehr entgegen und las sie, bevor er mich anredete: So, sagte er, Sie wären also dieser Brotsack-Frisch? Ich bejahte, die flachen Hände an der Hosennaht rechts und links, etwas gespannt, was nun kommen würde. Er sagte aber etwas zu dem Adjutanten, die Meldung betreffend, während ich immer noch stand, Hände an der Hosennaht, Blick gradaus, im Augenblick unbesichtigt. Ein schöner und blauer Tag, etwas windig in dieser Höhe; es pfiff leise im Helm. Ich konnte jetzt abtreten. Die Achtung-Stellung, die dafür nötig ist, hatte ich schon, ich brauchte nur noch zu sprechen: Herr Oberstleutnant, ich melde mich ab. Aber da er schaute schon nicht mehr —

Was man damals wie heute einen rechten Schweizer nannte: — es gibt einfach Dinge, die ein rechter Schweizer nicht tut, sein Haar kann dabei blond oder schwarz sein, das sind nicht seine Merkmale, Spitzkopf, Rundkopf usw., der rechte Schweizer kann ganz verschieden aussehen. Er muß nicht Turner sein, Schützenkönig, Schwinger usw., doch etwas Gesundes gehört zu ihm, etwas Männerhaftes. Er kann auch ein dicker Wirt sein; das Gesunde in der Denkart. Meistens erscheint er als gesetzter Mann, meistens als Vorgesetzter, der auch von einem Lehrling verlangen kann, ein rechter Schweizer zu sein. Was das ist, braucht man einem rechten Schweizer nicht zu erklären. Er selber erkennt sich als solcher. Auch ein schmächtiger Mensch, hilfsdiensttauglich, kann ein rechter Schweizer sein. Es hat nichts mit dem Dienstgrad zu tun, so ist es nicht. Ein rechter Schweizer ist einer auch in Zivil, zum Beispiel am Stammtisch. Es hat auch nichts mit dem Einkommen zu tun. Der rechte Schweizer kann Bankier sein, das muß er aber nicht sein; auch als Hauswart kann man ein rechter Schweizer sein, als Lehrer. Wer nicht wissen sollte, was ein rechter Schweizer ist, lernt es spätestens beim Militär. Die rechten Schweizer sind die Mehrheit. Nicht zu vergessen die Auslandschweizer; manche jodeln über viele Generationen. Man muß aber kein Jodler sein, das sind wenige, wichtig bei Festen. Maßgeblich ist der Sinn fürs Alltägliche. Der rechte Schweizer läßt sich nicht auf Utopien ein, weswegen er sich für realistisch hält. Die Schweizergeschichte, so wie sie gelehrt wird, hat ihm noch immer recht gegeben. Daher hat er etwas Überzeugtes, ohne fanatisch zu werden. Er gefällt sich als Schweizer, wenn er mit andern rechten Schweizern zusammen ist, und solche gibt es auch in den Städten. Man muß, um sich als rechter Schweizer zu fühlen, nicht Bauer sein oder Sohn eines Bauern, doch ein gewisser bäuerlicher Zug (nicht bäurisch!) gehört zum rechten Schweizer, ob er Rechtsanwalt oder Zahnarzt oder Beamter ist, mindestens in seiner Redeweise von Mann zu Mann. Ungern erscheint er urban, der rechte Schweizer, wenn er mit rechten Schweizern zusammen ist. Das macht nicht unsere Mundart, diese sprechen wir alle, die Mundart kann auch urban sein. Manchmal hat man das Gefühl, der rechte Schweizer verstelle sich, um als solcher erkannt zu werden. Ausländer mögen ihn als grobschlächtig empfinden, das stört einen rechten Schweizer überhaupt nicht, im Gegenteil; er ist kein Höfling, macht keine Verbeugungen usw. Daher mag er's nicht, wenn er schriftdeutsch antworten soll; das macht ihn unterwürfig und grämlich. Dabei hat der rechte Schweizer kein Minderwertigkeitsgefühl, er wüßte nicht wieso. Das Gesunde in der Denkart: eine gewisse Bedächtigkeit, alles schnellere Denken wirkt sofort unglaubwürdig. Er steht auf dem Boden der Tatsachen, hemdärmlig und ohne Leichtigkeit. Da der rechte Schweizer eben sagt, was er denkt, schimpft er viel und meistens im Einverständnis mit andern; daher fühlt er sich frei. Er redet, als nähme er kein Blatt vor den Mund. Wie gesagt: kein Höfling. Er weiß, daß man sich auf ihn verlassen kann. Obschon es auch rechte Schweizerinnen gibt, fühlt der rechte Schweizer sich wohler unter Männern. Nicht nur deswegen entspricht ihm die Armee. Man kann nicht sagen, jedem rechten Schweizer stehe die Uniform; in der Regel steht sie den Offizieren besser. Ein bleicher Fourier, der sich Tag für Tag abhetzte und oft in der Nacht, wirkte immer etwas rührend, vorallem wenn er den Helm trug; trotzdem ein rechter Schweizer, er fühlte sich zuhause in der Armee, man war zufrieden mit ihm. Wie gesagt, es liegt nicht am Aussehen. Auch ein Intellektueller kann ein rechter Schweizer sein. Es gibt einfach Dinge, die ein rechter Schweizer nicht tut, so wie Gedanken, die er nicht denkt, Marxismus zum Beispiel. Auch ein Arbeiter kann ein rechter Schweizer sein.

Granit und Gneis, den ich damals auch für Granit gehalten habe, und viel Farnkraut, im Winter vergilbt; die grünen oder braunen Igel der Kastanien, Laub der Kastanien auf dem Boden, überall die kleinen Mauern am Hang, Granit-Stelen mit Reben, die grauen Dächer aus Granit, viel Fels, der bei Regen schwärzlich und streifenweise violett erscheint, Bäche, die Birken vor einem Mittelmeerhimmel usw. Tage allein mit Scherenfernrohr und Brotsack. Je höher man stieg, umso besser die Aussicht. Es war mühsam, das Scherenfernrohr auf dem Rücken, aber man war allein. Ich setzte mich auf den First einer Kapelle, das Scherenfernrohr vor mir, um die Winkel zu messen, und zeichnete, was ein Batterie-Kommandant von diesem Punkt aus sehen könnte. Stunden ohne Waffenrock, und man sieht mehr von einer Gegend, wenn man sie zeichnet; vor allem sah und hörte ich kein Militär. Wenn der Auftrag wegen langen Marsches nicht in einem Tag zu erledigen war, übernachtete ich in verlassenen Ställen, allein im Heu. Dienst ohne Tilgung der Person. Fünfundzwanzig Jahre später kaufte ich in dieser Gegend ein altes Haus, Dach aus Granit — so sehr muß diese Gegend mir gefallen haben.

Disziplin — man verstand schon, was das Militär darunter versteht; nur hat das mit Disziplin wenig zu tun. Ein Maulesel, der seine Lasten trägt und geht, wohin man ihn führt, tut es aus der Erfahrung, daß er sonst geschlagen wird. Disziplin setzt eine gewisse Einsicht voraus; Latein als Disziplin, Mathematik als Disziplin, Poesie als Disziplin. Der Wille, etwas zu lernen und zu leisten, kann als Disziplin bezeichnet werden. Das setzt eine Person voraus. Disziplin entspringt dem Bewußtsein, daß man über sich selber verfügt, nicht dem Bewußtsein, daß über uns verfügt wird. Das Militär (so wie ich es erfahren habe) verwechselt Disziplin mit Gehorsam. Diese Verwechslung, verlautbart bei jeder Gelegenheit, war das eigentliche Ärgernis. Befehl ist Befehl, die Kader brauchen uns nicht zu überzeugen; wir nehmen die Säcke schon auf, keine Sorge, wir tun es aus der Erfahrung des Maulesels. Nur täuschen sich die Kader, wenn sie, mehr oder minder befriedigt, Disziplin feststellen. Was das Militär erzielt, indem es sich auf Strafen verläßt, ist Gehorsam. Disziplin hat ihren Ansatz in einer Freiwilligkeit. Die Verzichte und Beschwerlichkeiten, die Disziplin uns auferlegt, entsprechen einem größeren Wunsch. Disziplin heißt: man verlangt etwas von sich selber. Das tut der Maulesel nicht. Das tut der Kanonier nicht, der von Tagwache bis Lichterlöschen entmündigt wird. Es geht dabei nicht um den Grad der Beschwerlichkeit. Übrigens wissen wir als Erwachsene, daß Disziplin (was diesen Namen verdient) mehr Kräfte auslöst als Gehorsam, der nicht einem eigenen Interesse entspringt und lediglich ein schlaues Verhalten ist, um sich Strafen zu ersparen. Disziplin hat mit Überzeugung zu tun, mit Gewissen, sie hat mit Mündigkeit zu tun.

Es fällt mir immer wieder dasselbe ein: die entfetteten Teile meines Karabiner-Verschlusses in der umgekehrten Mütze, der braune Handschuh eines Leutnants, der so ein blankes Teilchen herausgriff, die Frage: Und wie heißt das? Und wir wußten es.

Was wir nicht wissen konnten: spätestens seit November 1940 hatte der Chef des deutschen Generalstabs, Halder, einen Plan für die Operation TANNENBAUM, Einmarsch in die Schweiz. Halder besichtigte die schweizerische Jura-Grenze und bezeichnete das Terrain als schwierig, 6. 10. 1940, am selben Tag fand in Zürich ein deutsches Erntedankfest statt mit 2000 Teilnehmern, der deutsche Gesandte begrüßte Herrn v. Bibra öffentlich als Landesgruppenleiter der NSDAP für die Schweiz.

Nachholdienst oder Ausgleichdienst (Ausgleich für einen persönlichen Urlaub vorher) hatte ich drei Mal zu leisten; Dienst in anderen Einheiten. Was war anders? In einer bündnerischen Gebirgs-Infanterie-Kompanie: zum Teil duzten sich Offiziere und Mannschaft, sie kannten sich eben, Leute aus dem gleichen Tal, Uniform so oder so, sie wußten über einander Bescheid, der Briefträger über den Hotelier-Sohn und umgekehrt, und auf die Jagd ging jeder von ihnen. Ihre Mundart war für einen Städter nicht immer leicht zu verstehen. Das Du zwischen einem Füsilier und seinem Oberleutnant hob die Rituale nicht auf, es verschärfte sie eher. Was der Briefträger, der Streckenarbeiter bei der Bahn, der Portier, der Heuer im Sommer und Eisplatzwischer im Winter, der Holzfäller, der Kellner, der Gipser, der Knecht, der Tankwart, der kleine Bürolist, der Gepäckträger, der Lastwagenfahrer, der Dachdecker im bürgerlichen Leben ohne weiteres hinnehmen, die hergebrachten Standesunterschiede: hier reizte sie die militärische Allüre der Besitzer, dieses dörflerische Du als Schwindel. Der militärische Alltag nicht anders als in unsrer Einheit, aber unheimlicher; Gehorsam mit Du-Haß. Man werde einen Offizier über den Haufen schießen, das habe ich in unsrer Einheit nie gehört.

Der Widerspruch, daß die Armee zur Verteidigung der Demokratie in ihrer ganzen Struktur antidemokratisch ist, erscheint nur als Widerspruch, solange man die Beteuerung glaubt, sie verteidige Demokratie, und das glaubte ich allerdings in diesen Jahren.

Einen Major oder Oberstleutnant anzusprechen als Person am Feierabend konnte einem Kanonier nicht einmal einfallen; nur die Kellnerin oder der Kellner kamen überhaupt so nahe heran. Die Offiziere waren eine Kaste. Wie man in dieser Kaste wirklich dachte, konnte die Mannschaft nie erfahren. Im Dienst keinesfalls; Befehlsausgaben sind noch kein Bekenntnis, und am Feierabend waren die hohen Offiziere kaum zu finden, sie standen nicht auf der Dorfstraße herum. Hatten sie überhaupt Feierabend? Ihre Mützen in einem Wirtshaus, das kam vor; es war einem Kanonier nicht verboten, seine Mütze daneben zu hängen. Man tat es lieber nicht, schob die Mütze in den Gürtel. Wenn irgend möglich, so hatten sie eine Stube für sich, und die Mannschaft blieb auch lieber unter sich. Selten kam es vor, daß das Wirtshaus nur eine Stube hatte. Es kam aber vor. Was nun? Die freien Tische waren frei, und trotzdem wurde es nicht selbstverständlich. Man hatte den Eindruck, sie zeigten sich ungern ohne Mütze; dabei waren die Rangabzeichen an ihrem Kragen deutlich genug und ihre Köpfe nicht ungewöhnlich. In solchen Fällen blieben wir nicht lang. Ein Gespräch war nicht denkbar. Auch hätte ja der Kanonier, wenn er die Herren etwas fragen wollte, zuerst die Achtungstellung vorzuführen, und damit war man wieder im Dienst, das heißt: die Frage konnte überhaupt nur den Dienst betreffen. Und welche Frage sollte ein Kanonier schon haben, die nicht der Feldweibel beantworten kann, notfalls der Hauptmann. Ein Gespräch unter Eidgenossen, wenn der eine Kanonier oder Korporal ist und der andere ein Oberstleutnant, zumindest ein politisches Gespräch war ausgeschlossen. Es waren Kasten. Nicht einmal der Fahrer, der einen hohen Offizier dahin und dorthin fuhr, konnte da etwas erfahren. Meistens wurde er nicht unfreundlich behandelt, es konnte sogar vorkommen, daß der hohe Offizier sich nach der kranken Frau seines Fahrers erkundigte; eine persönliche Unterhaltung sozusagen, wenn auch einseitig, da sich der brave Fahrer kaum nach der Frau seines hohen Offiziers erkundigen konnte. Wie er, der hohe Offizier, eigentlich zu Hitler stehe, wäre eine vergebliche Frage gewesen. Es waren Kasten: der Fahrer auch ein Fahrer in Zivil, der hohe Offizier aber ein Akademiker, und Offiziere haben der Mannschaft nicht Rede und Antwort zu stehen. Das wußte man. Das bedeutete nicht, daß sie nie mit der Mannschaft redeten. Wenn sie sich davon eine gute Stimmung versprachen, hinderte sie nichts. Nur trafen sie dann nicht den Ton. Ein Gespräch konnte daraus nicht entstehen, es war nur peinlich, ihr Bemühen, volkstümlich zu reden. Man brauchte dann gar keine Fragen zu stellen, es genügte schon, daß einer nicht in der Sprache antwortete, die sie für die Sprache der Mannschaft hielten, und die Unterhaltung war bald zu Ende. Eine gleichwertige Sprache, auch nur eine ungefähr gleichwertige, das mochten sie nicht; das drohte die Kasten aufzuheben. Im Dienst war es nicht zu erfahren, welche unsrer hohen Offiziere damals fanden, daß gegen Adolf Hitler, sofern er unsere Neutralität nicht antastet, nicht viel zu sagen wäre, im Gegenteil: — Schluß mit den roten Gewerkschaften, eine gewisse Eindämmung der Juden, wobei Ungerechtigkeiten bedauerlich sind, anderseits ein gesunder Aufschwung, eine gesunde und tüchtige Jugend . . .

Der Soldat ist ein Mann, der sein Leben opfert fürs Vaterland — ohne Zögern . . . Mehr brauchte eigentlich ein Kanonier nicht zu wissen. Das ist auch nicht wenig. Die Armee, die dieses ihr Vaterland vertrat, äußerte sich nicht politisch, nur national; ihre Devise war nicht Kampf gegen Faschismus, sondern Kampf für die Schweiz.

Wer nicht zur Feldpredigt antreten wollte, konnte unterdessen Kartoffeln schälen. Ich wählte meistens die Feldpredigt; man hätte vortreten müssen, wenn man nicht zur Feldpredigt wollte, und Vortreten ist nicht gut. Nicht auffallen, als Erscheinung möglichst vertauschbar bleiben. Meistens fanden sie einen schönen Platz in der Natur, der Anblick war einprägsam: eine hölzerne Kanzel mit einem großen Schweizerkreuz, darüber die Büste des geistlichen Offiziers, dahinter Wald. Es war nie ein Korporal, geschweige denn ein gewöhnlicher Soldat, den Gott sich als Zeugen ausgesucht hätte. Und einprägsam auch die Haltung unsrer Offiziere, ihr Ernst mit Blick nach innen, ihre Andacht vor dem ranggleichen Prediger. Und dann nach dem gemeinsamen Vaterunser ohne Helm die militärische Zeremonie vor dem Prediger: Abteilung Achtung Steht! worauf er seinen militärischen Gruß, Hand zur Mütze, an unsere Offiziere richtete. Das ergab sich aus der Choreographie: sie standen sich eben näher, unsere Offiziere und der andere, der in Gottesnamen gesprochen hatte. Ich hörte nicht polemisch zu. Es hätte ja sein können: ein Mann, der Gott fürchtet, ein Hauptmann mit dem Geist der frommen Streiter; keiner mit Säbel, sondern mit Schwert. Hat er gesagt, was er zu dieser Zeit gewußt hat? Das wußten wir inzwischen: daß wir jetzt Wehrmänner sind, daß wir Familie haben und Vaterland und daß Gott natürlich nur die Kraft gibt, wenn wir an ihn glauben. Ich erinnere mich aber nicht mehr genau an eine solche Predigt; es stellt sich im Gedächtnis davor, was ich kürzlich gelesen habe: die Aussage eines ehemaligen Feldpredigers, er habe über die Berechtigung von Todesurteilen nicht zu urteilen gehabt, sondern lediglich dafür zu sorgen, daß »die beiden anständig aus der Welt gingen«, »es sei eine saubere Exekution gewesen«, und die Aussage einer Feldprediger-Witwe, die Exekution habe ihren Mann furchtbar mitgenommen, aber er mußte es so annehmen, wie es ihm von der Obrigkeit gegeben war, ihr Mann hat nie Ferien genommen, seine Erholung war das Militär, ihr Mann hat zu seinen geistlichen Verrichtungen immer Gedichte gemacht, oft Mundartgedichte, so hat er auch die Hinrichtung im Gedicht aufgehoben, das Gedicht darf nicht verlesen werden, die Witwe ist ans Pfarrgeheimnis gebunden, aber es stehe darin, wie die ersten Vögel pfiffen und wie alles von der barmherzigen Natur verklärt worden sei. (Bericht von Niklaus Meienberg im TAGESANZEIGER MAGAZIN, 11. 8. 1973). Hingegen erinnere ich mich: der Feldprediger gab keine Befehle, obschon er die Uniform eines Hauptmanns trug. Er gab das Amen. Es war unser Feldweibel oder ein Leutnant, der die Mannschaft durch die üblichen Befehle aufgestellt hatte zur Andacht und nachher wieder in Marsch setzte, Rechtsum, Gradaus Marsch. Das ganze Ritual war so einfach wie zweckdienlich; es verhinderte, daß sich vor Gott, und sei's auch nur für diese halbe Stunde, die militärische Rangordnung aufhebt. Der Außenseiter, der unterdessen Kartoffeln geschält hatte und weiter schälte, hatte insofern nichts versäumt.

Unsere gelernten Arbeiter im Militär vor einer Aufgabe, die in ihr Fach fällt, aber im Augenblick ohne ihr Standard-Werkzeug: — das habe ja keinen Zweck, dazu brauche man eine andere Zange, eine richtige, nicht so eine, eine Spezialzange, auch nicht Zinkdraht, sondern Kupferdraht usw. Das war nicht Renitenz, nur Unfähigkeit zur Improvisation. Offenbar hat es mit unsrer Geschichte zu tun: zu lang schon keine Not, die erfinderisch macht, man ist beleidigt, wenn das gewohnte Werkzeug fehlt.

Einmal im Urlaub traf ich Otto Baumgartner, meinen Zeichenlehrer, zufällig bei einer literarischen Veranstaltung in Zürich. Erst nachdem sein zähes Schweigen — vielleicht sagte ich ihm zur Freude, daß ich jetzt beim Militär manchmal freihandzeichne — mißverständlich wurde, sagte er unter vier Augen, was er an diesem Tag erfahren hatte: in Riga würden jetzt die Juden zu Tausenden in die Wälder geführt und erschossen. So etwas sagte man unter vier Augen, nicht zum ganzen Tisch, um nicht unglaubwürdig zu werden. Woher wußte er das? Eine Vertrauenssache.

Quartier in einem Schulhaus, in einem dörflichen Tanzsaal, in einer Scheune, in einer Kegelbahn usw. Ich war lieber im Stroh als in Kasernen. Im Stroh gab es Mäuse, aber selten; sie machten uns nichts, sie weckten einen, wenn sie über den Arm liefen oder übers Gesicht. In den Kasernen war es öde: diese Gestelle mit Pritschen, dieser Hall in den langen Korridoren, diese Treppen, breit genug für Laufschritt in Kolonne, diese Kantinen mit dem Geruch von Milchkaffee und Schmierseife. Im Stroh lag man härter und enger, Tornister an Tornister, links einer, der furzte, rechts einer, der bloß schnarchte; Staub von Stroh, den man am Morgen ausschneuzte; es war mühsamer, die befohlene Ordnung unsrer Siebensachen herzustellen am Morgen und am Abend; ein blöder Durchzug, und schon lagen wieder drei Halme auf der ausgerichteten Wolldecke mit Schweizerkreuz. Ein Schlafsack, privat, war erlaubt, sogar ein Kissen, das man mit Stroh füllen durfte; tagsüber mußte es verschwinden, der Einheitlichkeit zuliebe. Eine Schnur für Waschlappen und Socken; ein Brett für das Mannsputzzeug, für Zahnbürste und Zahnpasta, die Zahnpasta rechts von der

Zahnbürste, der Einheitlichkeit zuliebe. Die Offiziere zeigten sich selten in solchen Quartieren, dann war es eher eine Prüfung für den Feldweibel; der war verantwortlich, daß wir genug Luft hatten, keinen Durchzug, genug Stroh, keinerlei Anlaß zur Beschwerde. Der Offizier war froh, wenn wir einen Witz machten, uns also wohlfühlten im Stroh.

Der sogenannte Rütli-Rapport vom 25. 7. 1940: General Guisan versammelt auf dem Rütli die hohen Kommandanten der Armee, um ihnen zu verkünden, daß nach dem Waffenstillstand in Frankreich unser Wille zum Widerstand gegen jeden Angriff weiterbestehe. Davon las man, ich erinnere mich, mit Genugtuung. Was wir hingegen nicht wissen konnten: einen Monat vorher hat der General sich beim Bundesrat erkundigt, ob sein Auftrag mit der Armee noch derselbe sei. Sein Brustbild in Farbe hing damals in jeder Wirtsstube und in Ämtern: ein väterlicher Herr, vertrauenswürdig, Gesicht eines Landedelmanns. Was wir ebenfalls nicht wissen konnten: am 14. 8. 1940, also kaum einen Monat nach dem Rütli-Rapport, ersucht General Guisan den Bundesrat, eine Delegation unter der Führung von Minister C. J. Burckhardt nach Berlin zu entsenden: »pour tenter un apaisement et instituter une collaboration.« Der Bundesrat ging darauf nicht ein.

Dienstauffassung — eine Vokabel, die unsere Offiziere brauchten, wenn sie mehr vermißten als nur einen Knopf an unsrer Hose. Es hieß: Das ist keine Dienstauffassung. Der Mann, den dieser Vorwurf traf, hatte sich zu schämen. Keine Dienstauffassung zu haben war ein Charakterfehler. Was der Vorgesetzte, wenn er von Dienstauffassung redete, offenbar meinte: ein persönlicher Eifer, die Beflissenheit, dem Vorgesetzten zu gefallen und ihm seine Aufgabe zu erleichtern. Mangel an Dienstauffassung zeigte sich an Kleinigkeiten, die eben keine Kleinigkeiten waren, weil sie einen Mangel an Dienstauffassung zeigten. Darüber gab es keine Diskussion. Schon der Versuch, einem Vorgesetzten zu erklären, wie es zu dem Versäumnis gekommen ist, war verfehlt, ein weiteres Zeichen für mangelnde Dienstauffassung. Der Vorwurf von einem Vorgesetzten ist das letzte Wort. Das allerletzte Wort: Verstanden? Wer jederzeit, auch wenn er seine Aufgabe meint erfüllt zu haben, angebrüllt werden kann, muß im Unrecht sein. Ohne diese Einsicht ist die Uniform (ausgenommen die Offiziers-Uniform) nicht zu tragen. Ich erinnere mich nicht, daß ein Offizier sich je bei der Mannschaft entschuldigt hat. Das erwartete die Mannschaft auch nicht; der Dümmste hatte begriffen, was Militär ist.

Wir selber nannten uns nicht Kameraden. Eine Bezeichnung, die unsere Offiziere brauchten: Sie führen jetzt Ihre Kameraden / Sie sind verantwortlich für Ihre Kameraden / dann schauen Sie, daß Ihnen ein Kamerad hilft / das sollte unter Kameraden nicht vorkommen usw. Einige befreundeten sich. Ein Wachtmeister war Assistent für Astronomie an der Universität Bern, ein Kanonier war Chemiker in Emmenbrücke, ein anderer unterrichtete am Gymnasium, Philologe. Möglichkeiten des Gesprächs, während man Schuhe putzte oder Waffen reinigte oder Wolldecken stapelte. Wir waren froh um einander. Wenn man zusammen auf die Wache befohlen wurde, ein Glücksfall. Traf man sich später in Zivil, so war's merkwürdig: beiderseits kein Bedürfnis nach Erinnerungen an den gemeinsamen Dienst, eine gewisse Verlegenheit sogar; jeder hatte den andern gesehen, wie er den Gewehrgriff vorführte, wie er tausendmal die Hand an die Mütze riß, wie er mit übermenschlicher Stimme meldete: Kanonier Studer, abkommandiert zur Küche! und fünfzig Meter später: Kanonier Studer, abkommandiert zur Küche! Alles keine Schande; trotzdem rede ich lieber mit Leuten, die einen nicht dran erinnern.

Die meisten in der Mannschaft waren Arbeiter, aber das militärische Milieu (für die Mannschaft) entspricht dem Milieu des Kleinbürgertums; das Militär braucht den Kleinbürger, seine Verängstigung und seinen Ehrgeiz, bürgerlich zu erscheinen. Wenn ein Offizier, der aus einer Villa kommt, zu einem Arbeiter in Uniform redet: er befördert ihn sofort zum Kleinbürger, um ihn auf ein Milieu zu verpflichten, das dem großbürgerlichen nachstrebt. Somit gehört man zusammen, ob Leutnant oder Kanonier, nur hat es der eine halt weiter gebracht als der andere in seiner bürgerlichen Existenz. Der Leutnant, obschon jünger als der Arbeiter vor ihm, hat etwas Patriarchalisches, was ihn verlegen macht; beide kennen das Milieu des andern nicht, aber der Leutnant sagt: Kanonier Schmid, das machen Sie doch zuhause auch nicht! Der Kanonier muß sich schämen vor dem Landsmann, dem zuhause ein Dienstmädchen behilflich ist, und strengt sich an, wie es sich gehört.

Ich habe mich damals nie gefragt: Wird unsere Armee kämpfen? Kein Zweifel damals. Allenfalls ein Besoffener konnte sagen: Sie sollen kommen, die Sauschwaben, die sollen nur kommen! Sonst keine großen Töne; nur die Selbstverständlichkeit, daß die schweizerische Armee nicht wie die tschechoslowakische Armee, nein, sondern wie die erstaunlichen Finnen gegen die Russen ... Die ersten Siegesmeldungen der deutschen Wehrmacht aus unserem Radio, ich war grad bei der Faßmannschaft, die Kessel voll Suppe und Säcke voll Brot holen mußte, und hatte nichts gehört, sie kamen ärgerlich mit ihren Gamellen, maulfaul, nur wenn man fragte, lachten sie ärgerlich, die Deutschen sind von jeher die großen Angeber gewesen. Der rasche Zusammenbruch in Polen war eine Enttäuschung, aber Polen weit weg. Und später der noch raschere Zusammenbruch in Holland und Belgien; Holland und Belgien hatten kein Gebirge wie wir. Das wußte man, daß die deutsche Wehrmacht nicht an unsrer Grenze zu stoppen sein wird, das behauptete niemand, kein Leutnant und kein Hauptmann; insofern kamen wir uns illusionslos vor. Aber es würde gekämpft. Das bedurfte keiner Verlautbarungen; eine Selbstverständlichkeit, die sich aus der Schweizergeschichte ergab; Verlautbarungen solcher Art richteten sich nicht an uns, sondern an Hitler, falls er sich Illusionen machte. Wozu sonst unsere Übungen bei Tag und Nacht. Frankreich besetzt, plötzlich standen die Deutschen auch bei Genf. Aber es würde gekämpft. Von Rückschlag zu Rückschlag, bis die Berge uns schützen. Die neue Konzeption: das Reduit. Dort wo sie mit Panzertruppen nicht weiterkommen. Ich erinnere mich, wie diese Konzeption mich beruhigte. Ich erinnere mich nicht, daß wir in der Mannschaft darüber redeten. Das eine und andere, was wir übten, kam uns dilettantisch vor. Immerhin übten wir in den Bergen, zeitweise im Engadin, dann wieder im Tessin, ohne Zweifel, daß sie, diese Felsen und diese Wüste aus Geröll und Schluchten und diese gefährlichen Straßen und im Winter die Hänge, die mit Lawinen drohen, unsere Verbündeten wären. Etliches an unsrer technischen Ausrüstung nötigte zum Glauben, daß es im Gefecht letztlich auf den Mann ankommt. Vor allem in den Bergen. Das mußte uns der Hauptmann nicht sagen; das erfuhren wir bei jedem Stellungsbezug selber. Ich erinnere mich nicht, daß ich damals unsere Armee je mit Ironie gesehen habe. Meistens war schon das Gelände zu ernst. Im Tiefland, damals unter den Apfelbäumen, konnte ich mir die deutsche Wehrmacht, soweit von Fotos bekannt, ohne weiteres vorstellen, Schwärme von Panzerwagen usw., hier nicht. Hier vergaß man sie fast. Kein Zweifel, daß unser Generalstab seine eigene Konzeption ernstnahm; man sah Beweise: Bau von Unterständen im Gebirge (wofür ich einmal Pläne zu zeichnen hatte in einem Militär-Büro) und Munition-Magazine im Fels, bombensicher auf den ersten Blick. Wie der Nachschub vor sich gehen würde nach Sprengung der Brücken und überhaupt wie der Generalstab sich unsere Kampfkraft dachte nach dem Verlust unsrer Industrie, unsrer Städte, konnte er uns natürlich nicht erläutern; Feind hört mit. Unsere Familien unter deutscher Besatzung, wir aber im Gebirge — so genau brauchten wir es uns nicht vorzustellen in der Hoffnung, daß es doch nicht dazu kommt.

Im Stroh, wenn man nach dem Lichterlöschen eigentlich nicht mehr reden durfte, in einem Magazin, wo man bei der Arbeit reden durfte, in der Wachtstube tagsüber, im Gelände beim

Schaufeln, in der Kantine oder wenn man auf den Kisten hockte, Teile des Geschützes entfettete und wieder einfettete — kaum einer redete einmal von seiner Zivil-Arbeit. Inbegriff des Zivilen: der Schwanz. Nicht alle waren für Zoten begabt, fast alle aber dankbare Zuhörer. Traf man dann den einen oder anderen im Urlaub mit seiner Frau oder Braut: bieder Arm in Arm. Die Revolte, die in jeder Zote steckt, bezog sich nicht auf die Ehefrauen. Wo man keine Zoten hörte: im Duschraum, alle splitternackt im Dampf.

Ein Wachtmeister, den wir gern hatten: ein Berner aus der Landwirtschaft und besonnen, Turner, also kräftig, ein guter männlicher Kopf, und wenn man in seine Gruppe kam, so war man froh, er brauchte uns nicht herumzujagen, er hatte das Vertrauen der Offiziere. Beim Drill führte er seine Gruppe gerne außer Sicht: Wenn Ihr meint, daß es vor dem Hauptmann klappt, dann lassen wir's jetzt. Kräftiger als die meisten griff er bei der Arbeit zu, damit sie getan war; nicht aus Angst vor der Rüge eines Offiziers, sondern weil er es gewohnt war, Hand anzulegen; Befehlen und dann Zuschauen kam ihm unnatürlich vor. Ein Arbeitsgenosse. Ein nüchternes Gemüt ... Mein Gedächtnis verwechselt diesen Wachtmeister mit keinem andern; an dem Abend im Mai, nachdem man uns den Ernst der Lage mitgeteilt hat, sehe ich ihn abseits stehen und frage: Und jetzt? um mich an einen starken und besonnenen Mann zu halten. Er gab nur eine einzige Antwort: Wenn sie kommen, erschieße ich mich halt!

Vor Ausbruch des Zweiten Weltkrieges: in Zürich am See die schweizerische Landesausstellung. Viel Fahnen und Trachten. Viel Hübsches, viel Behagliches (Heimat-Stil) in Attrappen trauter Dörflichkeit. Was dem Nationalsozialismus entgegen zu halten war: unser Brauchtum, die schönen alten Masken aus dem Wallis, die alten Schlitten aus Graubünden, die schönen Riegelbauten, die ehrwürdige Landsgemeinde in Trogen oder Glarus, die frohen Fahnenschwinger, die frohen Jodler, die kräftigen Hornusser im Emmental. Es gab Skulpturen und Malerei von Schweizern; keine Entartete Kunst. Die Architektur niedlich; das war unser Trotz gegen den barbarischen Monumentalismus im Dritten Reich. Niedlich; keine Fortsetzung von Bauhaus, keine Spur von Corbusier. Eine unberührte Schweiz, daher gesund wie ihre Kühe. Es ging darum, das nationale Selbstvertrauen zu festigen. Was den schweizerischen Besucher mit Stolz erfüllen konnte: Die Großen Schweizer, ein Höhenweg (die offizielle Bezeichnung) mit Bildnissen von Pestalozzi, General Wille, Albrecht von Haller, Henri Dunant, Gotthelf, Favre (Unternehmer und Erbauer des Gotthard-Tunnels), Lavater, Böcklin, Niklaus von der Flüh, Jakob Burckhardt, Zwingli, Hodler, Calvin, Carl Spitteler (Nobelpreis), Paracelsus, Gottfried Keller, Winkelried usw. usw., Besucher von Stadt und Land in Andacht und Schulklassen von Stadt und Land in Andacht. Die Größe unsres Landes: die Größe seines Geistes. Gondelbahn über den sommerlichen See. Pavillon der Uhren-Industrie; weltberühmt. Pavillon der Schweizer Weine; Kostproben. Eine große Turbine; Präzision und Qualität.

Dazwischen viel zierlicher Gartenbau und der Schiffli-Bach; da konnte man in kleinen Schiffchen durch die Gärten fahren und sogar durch Pavillons. Ein Fest. Es gefiel uns. Ein Pavillon der Armee: eine moderne Kanone, die man berühren durfte, ein Flugzeug schweizerischer Konstruktion (Doppeldecker C-35) und unser Wehrwille in Gestalt eines Wehrmanns aus Stein, der grad den Waffenrock anzieht mit Ernst und mit gesunder Kraft und mit besonnenem Blick auf den Feind. Ein einig Volk von Brüdern, das in Frieden lebt und in einem schönen Land und tüchtig und in Demokratie wie nirgends auf der Welt, viersprachig und schlicht zwischen Alphorn und Maschinen-Industrie. Ohne Utopie, immun gegen alles Unschweizerische. Selbstvertrauen aus Folklore. Was mir damals nicht auffiel: der dezente Geruch von Blut-und-Boden — helvetisch.

Ich versuche mich zu erinnern — 650 Tage sind viele Tage, 1939 bis 1945 eine lange Zeit ... Sie mußten uns beschäftigen. Eine Armee auf Pikett. Männer zwischen zwanzig und zweiunddreißig. Die Armee als Schule der Nation. Ich versuche mich zu erinnern, worin wir unterrichtet wurden in dieser langen Zeit, abgesehen vom Gehorsam als Gehorsam —

Oberleutnant Blumer; erst in der Erinnerung beginnt er aufzufallen. Was ein Oberleutnant zu befehlen hatte, befahl er. Sein Zug wurde nicht verwöhnt. In der Pause, etwas abseits von der Mannschaft, nicht so weit, daß man ihn nicht hätte anreden können, gerade weit genug, daß sich die Mannschaft unter sich fühlte und nicht dem Offizier zuliebe schwatzte, las er seine Basler Zeitung, interessiert wie eben ein Zeitgenosse; was es da zu lesen gab, schien ihm wichtiger zu sein als der Tagesbefehl in unsrer Batterie, dessen Durchführung er als Oberleutnant zu verlangen hatte. Eine Mannschaft hat ihre Lieblinge unter den Vorgesetzten; dazu gehörte dieser Oberleutnant eigentlich nicht. Er war allergisch gegen Speichellecker; sie machten ihn verlegen. Er war ansprechbar, dann redete er aber mit einem oder zwei Kanonieren; er redete nicht zur Mannschaft als Publikum. Er sah Leute, umständehalber in Kolonne oder in der vorschriftsgemäßen Hocke ums Geschütz, Leute im Stroh, Leute mit Sturmpackung auf dem Marsch usw., immer aber Leute. Er verfiel nie in Anbiederung; er hatte diese Kompensation nicht nötig.

Wir wußten in diesen Jahren wenig. Die Presse unsres Landes hatte vorsichtig zu sein, um Hitler keinen Vorwand zu geben. Was wußten wir? Professor J. R. von Salis gab Auskunft im Radio, Auskunft über die Kriegslage, so offen wie damals möglich. Im Quartier gab es keinen Radio, geschweige denn im Wachtlokal. Unsere Aufgabe war es, wachsam zu sein: Halt! mit geladenem Karabiner in einem Wald bei Arth-Goldau. Ferner bauten wir Bunker nach den Plänen eines Büros der Genie-Truppen, und obschon tausende solcher Bunker bereits von Stukas zerschmettert oder von Fallschirmspringern ausgeräuchert worden waren, sie gaben uns Vertrauen. Ich durfte die Tarnung malen. Ablenkung durch Tätigkeit. Einmal verlautbarte der Bundesrat: »Wenn durch Radio, Flugblätter und andere Mittel Nachrichten verbreitet werden sollten, die den Widerstandswillen von Bundesrat und Armeeleitung anzweifeln, so sind solche Nachrichten als Erfindung der feindlichen Propaganda zu betrachten. Unser Land wird sich gegen jeden Angreifer mit allen Mitteln und bis aufs äußerste verteidigen.« Kein Zweifel, daß die Engländer und Amerikaner (die Russen kamen weniger in Frage) uns sofort beistehen würden gegen jeden Feind, der unsere Neutralität verletzt. Wir wußten, daß die Schweiz im Recht ist. Schweiz gleich Demokratie. Unser militärischer Trumpf: die Gotthard-Linie, nicht die einzige Verbindung zwischen den Achsenmächten, aber eine Verbindung, die wir in wenigen Stunden zerstören könnten, und das konnte sich Hitler, wenn er nicht wahnsinnig ist, gar nicht leisten. Was wußten wir noch? Seit dem 8. 9. 1939 gab es die Presse-Zensur, seit dem 20. 9. 1939 die Film-Zensur. Wußten wir von den Konzentrationslagern, die unser Minister Carl J. Burckhardt besucht hatte? Das eine und andere wußte ich und konnte es nicht beweisen, ich hatte es von Juden gehört; fast alle in der Mannschaft hielten es für Greuelmärchen, solange es nicht in unsren Zeitungen stand und mit Bildern bewiesen wurde. Was die Flüchtlinge betraf, die Richtlinien dafür, wer Asyl bekam und wer über die Grenze zurückgewiesen wurde, so wurden wir nicht unterrichtet. Unsere Aufgabe war es, marschtüchtig zu sein und zu wissen, wie die Marschschuhe zu pflegen sind auch im Urlaub.

Fragen zu stellen war erlaubt, wenn nicht gerade etwas anderes befohlen war; Fragen betreffend unsere Aufgabe. Ein Korporal wußte aber auch nicht mehr, und je höher der Vorgesetzte, umso peinlicher war es, wenn er dann sagte: Setzen Sie zuerst die Mütze richtig auf! und wenn es nicht an der Mütze liegen konnte, da man grad die Mütze in der Hand zu halten hatte und in der Mütze die entfetteten Teile des Karabiners, so war vielleicht der Gürtel nicht straff genug. Fragen zu stellen gewöhnte man sich ab.

Das war später, 1953, Umschulungskurs für Zerstörungstruppen. Altershalber. Wir waren inzwischen: Baumeister, Bauführer, Architekt, Schreinermeister, Inhaber einer kleinen Elektro-Firma, Vorarbeiter, Tiefbau-Beamter, Fachleute und Familienväter, und wenn es sein mußte, willig in dreizehn Tagen zu lernen, wie man Brücken sprengbereit macht, und verständnislos: warum mußte der Unterricht in der glühenden Sonne auf dem Kasernenplatz von Andermatt stattfinden, warum nicht im Schatten, warum im Stehen? Weil der Soldat jedem Wetter trotzt. Nur lernt man vielleicht schlechter unter schlechten Bedingungen. Also waren wir wieder einmal Soldaten. Sprengstoff ist ungefährlich, man könnte mit einer Axt drauf schlagen, er ginge nicht los; gefährlich erst mit Zündkapsel. Verstanden. Daher sind Sprengstoff und Zündkapseln immer in getrennten Kammern gelagert. Ebenfalls verstanden. Kurz darauf saßen wir auf einem Camion, beladen mit Sprengstoff und Kisten voller Zündkapseln zugleich; ein Zusammenstoß im Dorf, und schätzungsweise die Hälfte des Dorfes wäre in Trümmer gelegt. Aber Befehl ist Befehl, da gab es keinen Einwand. Und die Zündkapsel ist kein Spielzeug, ein falscher Druck mit der Zange, wenn man die Zündkapsel anklemmt, und der Arm ist weg. Verstanden. Wir begriffen auch, daß dieser Griff trotzdem gelernt werden muß, Knallzündschnur in die linke Hand, Zündkapsel aufgesetzt, Zange in die rechte Hand: so. Wenn richtig gemacht, so geht das in Ordnung. Zur Vorsicht hält man das Zeug nicht grad vor sein Gesicht. Verstanden. Also machen wir's jetzt, jeder zum ersten Mal, Abstand von Mann zu Mann, falls einer einen Fehler macht mit seiner Zange, aber alle dreiundzwanzig Mann an einer durchgehenden Zündschnur, die, wie wir eben unterrichtet waren, im Bruchteil einer Sekunde durchbrennt. Ob das nun vernünftig sei, daß wir's an der durchgehenden Zündschnur übten? Der Instruktor, ein Leutnant, hatte zur Antwort: Haben Sie Schiß? Das hat ein Wehrmann nicht. Also drückten wir mit der Zange, Befehl ist Befehl, und der Leutnant behielt recht: keiner verlor seine Hand, sonst hätten alle sie verloren.

Ein einziges Mal nur, 1943, nach einem Ski-Marsch (Vollpackung mit zusätzlicher Wolldecke) von Schuls nach Samnaun (Glatteis auf der Straße, sodaß man gelegentlich rutschte und mit Vollpackung und Karabiner stürzte und nachher sich besonders anstrengen mußte, um wieder den Anschluß zu finden), mußte ich nach dem Befehl: ABTRETEN! mich einfach hinlegen und kotzen, ohne das Gesicht aus der eigenen Kotze weglegen zu können. Hand aufs Herz: Hätte ich als Zivilist das durchgehalten? Es bleibt schon ein gewisser Stolz. Muskelkater am andern Tag, nichts weiter, und Ski-Turnen mit Muskelkater, wobei Ski-Turnen in diesem Fall tatsächlich das allerbeste ist ... Was ich sagen würde, wenn ein junger Landsmann, sein Aufgebot betrachtend mit Zimperlichkeit, die er vielleicht für progressives Bewußtsein hält, danach fragen sollte: Ich habe als Wehrmann keinerlei körperlichen Schaden genommen, Ehrenwort.

Ich beklage mich nicht. Ich beklage nicht mich.

Entweder trugen alle die Mütze oder keiner, ein militärischer Grundsatz. Wer schwitzte oder wer fror, das war hier nicht die Frage; wir hatten als Mannschaft zu erscheinen. Das war ja der Zweck unseres Marsches. Wenn nämlich einige die Mütze tragen und andere tragen sie nicht, das behindert den Befehlshaber; er sieht sich plötzlich einer Anzahl von Leuten gegenüber, denen er, Korporal oder Leutnant, zu befehlen hat, und Leuten gegenüber hat er möglicherweise keine Autorität: ein Bürolist, der einem Mechaniker befiehlt, was mit dem Motor zu machen ist. Was er braucht, um sich den Befehlshaber glauben zu können, ist Mannschaft. Immer wieder Mannschaft. Duschen für Mannschaft, Lichterlöschen für Mannschaft. Auch wenn's nur ihrer drei sind: Küchenmannschaft. Die ganze Mannschaft. Arrest-Strafen für Einzelne machen noch keine Mannschaft. Waschlappen links oder rechts im Tornister, das war wichtig; Einheitlichkeit. Dafür war der Feldweibel da. Anfrage beim Marsch, ob Öffnen des Kragens gestattet: der Leutnant war nicht unvernünftig, aber Einheitlichkeit muß sein: entweder öffnen alle den Kragen oder keiner. Nur so entsteht Mannschaft. Die Unteroffiziere, die in Zimmern übernachten durften, gehörten übrigens nicht zur Mannschaft, von uns aus gesehen; zur Mannschaft gehört, wer nicht und auch in der Nacht nicht entrinnen kann und oft nicht einmal auf der Latrine. Man tut, was alle tun: als Mannschaft. Ich erinnere mich: vormittags eine Tetanus-Impfung, nachher Ruhe im Stroh vermutlich nach Anweisung des Arztes, später am Tag gab es einen vorher schon geplanten Wettlauf über sechs Kilometer — der eine oder andere kotzte, Schwindelanfälle wegen der Impfung, natürlich durfte so einer austreten, und unser Sanitäter, der Schnittwunden joden konnte, hockte sich zu ihm, bis er einigermaßen wieder stehen konnte; die Mannschaft als Mannschaft kotzte aber nicht, und so liefen wir denn aus Leibeskräften mit Tetanus-Impfung: als Mannschaft.

Ein merkwürdiges Gefühl als Urlauber in der Straßenbahn — wann war das? — das Gefühl: sie glauben nicht mehr, was sie einem Wehrmann gegenüber zu glauben vorgeben. Frage nach dem Wetter im Tessin; keine Frage, was wir denn machen...

Unser historisches Glück, daß die deutsche Wehrmacht planmäßig durch Holland und Belgien vorangekommen war und die andere Flanke, die Schweiz, nicht gebraucht hatte, um nach Paris zu gelangen — und dann war ja das Kriegsgeschehen wieder weit weg: Narvik, Tobruk, Smolensk... Ich erinnere mich nicht, daß die Mannschaft verzweifelt war über den Lauf der Geschichte; daß eine Gruppe zusammenstand, länger als die Nachrichten aus dem Radio ertönten; daß in einer Marschpause davon gesprochen wurde, was Deportation bedeutet oder Stalingrad oder die Invasion in Sizilien. Die Uniform, die schweizerische, schien uns zu dispensieren; der Tagesbefehl in Malvaglia oder in Zizers umschrieb unsern Horizont, wenigstens solange man im Dienst stand.

Alle Wegweiser im Land waren abgenommen, damit der Feind sich verirrt, nicht einfach lesen kann, wo es hier nach Erlenbach oder nach Küsnacht geht. Auch hätte er mit seinen Panzerwagen nicht einfach zu einem Kiosk fahren können, um sich eine Landkarte zu beschaffen; Landkarten waren aus dem Verkauf zurückgezogen, die Bevölkerung entschlossen, keinerlei Auskunft zu geben, wenn einer nicht in unsrer Mundart fragt. Einmal, als Diplomand, mußte ich in Meilen, dessen Dorfkern-Gestaltung wir zur Aufgabe hatten, das eine und andere zeichnen; sofort kam ein Metzger aus seinem Laden: was ich da mache. Ich konnte ihn durch Ausweis beruhigen, daß ich nicht für den Feind arbeitete. So war jedermann auf der Hut.

Einmal im Urlaub gelangte ich am späteren Abend (nicht zum Abendessen, sondern danach) in eine Villa in Zürich-Riesbach; ein Professor für deutsche Literatur hatte mich freundlich mitgenommen: nicht als Kanonier, sondern als jungen Schriftsteller, Schweizerdichter, wie es damals hieß, und so stand ich denn, ohne die Herren zu kennen, in einer Gesellschaft von Industriellen und Kunstkennern, lauter Schweizer, darunter auch Offiziere in Zivil. Einer der Architekten, die jene Landesausstellung gestaltet und dafür eben den Ehrendoktor der Universität Zürich erhalten hatten, war auch zugegen; auch er, so schätze ich, durchaus ahnungslos. Was wurde da geredet? Nicht über Hitler, das weiß ich. Außer viel Kunst an den Wänden, darunter auch Kunst, die Hermann Göring als Entartete Kunst wertete und verkaufte, fiel mir nichts auf. Eine sehr große Villa in einem großen Park, den ich übrigens kannte von außen; auf dem Velo zur Arbeit fuhr ich täglich an diesem Park vorbei. Herr des Hauses: Dr. Franz Meyer, bekannt als Kunstkenner und maßgeblich im Kunstleben unsrer Stadt. Wie wurde da geredet? Ich erinnere mich an Zigarren, nicht an ein bestimmtes Gespräch ... Hier (das habe ich damals nicht wissen können) fand am 29. 8. 1940 eine Besprechung mit Bundesrat Wetter statt, Oberstkorpskommandant Ulrich Wille war auch zugegen, offensichtlich ging es darum, daß die schweizerische Presse endlich ihre ablehnende Haltung gegenüber dem Nationalsozialismus aufgebe. Ein genaues Protokoll hat der Historiker (Professor Edgar Bonjour) nicht vorzulegen. Oberstkorpskommandant Ulrich Wille als Vertreter der Armee, dank verwandtschaftlicher Verbindungen mit der deutschen Wehrmacht bestens informiert, dürfte zugestimmt haben (wie der Historiker annimmt) aus patriotischen Erwägungen; der Hausherr seinerseits gehörte zu den Unterzeichnern der EINGABE DER 200, die damals, 1940, mit dem Gewicht ihrer Namen und Firmen zur Gleichschaltung der schweizerischen Presse und damit zur politischen Anpassung an das Dritte Reich drängten; der Wortlaut dieser Eingabe, faschistisch-patriotisch, gestattet die Vermutung, daß diese Kreise sich unter einer Nazi-Herrschaft nicht allzu unwohl gefühlt hätten . . . Ich erinnere mich aber, wie gesagt, nicht an ein bestimmtes Gespräch in dieser Villa, nur an einen Abend, der ungezwungen war, Einvernehmen durch höhere Bildung und also gediegen, unpolitisch, korrekt-jovial in der Verbindung von guter Kinderstube und Mundart, alles in allem nicht anders als heute, wenn ich in eine Gesellschaft von Finanziers oder Industriellen mit Kunstsammlung gerate.

Unsere Tage begannen soldatisch: Laufschritt zum Zähneputzen an einem Trog im Freien, dann Frühturnen vor Sonnenaufgang, dann Frühstück, dann Fachdienst am Geschütz, Repetition, oder wir fuhren zum Bunker-Bau —

Natürlich gab es auch Fröhlichkeit in Uniform. Zu zweit oder zu dritt in der Freizeit, zum Beispiel bei einem Boccia; sowie Fröhlichkeit im größeren Verband, hervorgebracht durch einen richtigen Witz, der nicht von einem Witzbold kam. Witze von Leuten, die als Witzbolde bekannt waren, erzielten Gelächter, keine Fröhlichkeit, oft nach dem kurzen Gelächter sogar Mißmut. Meistens entstand Fröhlichkeit durch besondere Umstände, beispielsweise durch Nebel, der die Schießübung unterbrach; die Mannschaft mußte bei den Geschützen bleiben, sonst keine Befehle, man fror und schlug sich die Arme um den Brustkasten oder hüpfte. Es brauchte wenig; ein Ausfall von Befehlen. Es wurde nicht gesungen. Wenn gesungen wurde, so war es meistens eine falsche Fröhlichkeit; Wille zur Fröhlichkeit ohne Anlaß dafür. Fröhlichkeit durch Alkohol. Auch längere Fahrten erzeugten eine gewisse Fröhlichkeit; wir hockten auf dem Camion mit Geschütz, gerüttelt, aber sicher, daß wir stundenlang zu nichts befohlen würden. Fröhlichkeit im Krankenzimmer bei mäßigen Schmerzen; Diensttage ohne die militärischen Rituale. Auch in dem Duschraum, sobald wir alle Uniform los waren, entstand eine gewisse Gruppen-Fröhlichkeit. Ein Rudel von Ziegen, eine Schafherde, die den Weg sperrte und nicht auf Befehle hörte, machte uns eine Weile lang fröhlich.

Lohnausfallentschädigung: von jeder Lohnzahlung leisten Arbeitgeber und Arbeitnehmer je 2 %, die öffentliche Hand zusätzlich 4 %. So konnte der Arbeitnehmer in Uniform doch seine Miete bezahlen, seine Frau einigermaßen ernähren, sogar seine Kinder. Dies trat in Kraft am 21. 12. 1939; wie ein Geschichtsschreiber von heute sagt: »gleichsam als Weihnachtsgeschenk für die Soldaten. Es verhinderte schwerste Not und vermittelte vor allem das Gefühl der Verbundenheit der Daheimgebliebenen mit den Wehrmännern.«

Winkelried in der Schlacht bei Sempach 1386 (»Sorgt für mein Weib und meine Kinder«) sowie andere Eidgenossen, die den Opfertod nicht gescheut haben, gehören zum schweizerischen Selbstverständnis im Frieden. Wieviel Beschuß dieses Selbstverständnis ertragen hätte, weiß niemand. Was in der Erinnerung an diese Jahre unheimlich erscheint: der allgemeine Mangel an Angst. Unser Wehrwille gründete sich auf der Hoffnung, daß schon die Demonstration unseres Wehrwillens den Feind abschrecke. Die Nachricht, daß der Feind es trotzdem wagt, wäre ein schauerlicher Schock gewesen, so vermute ich, ein Erwachen noch vor den ersten schweren Verlusten. Wir waren beim Militär, aber nicht gefaßt auf Krieg.

Inzwischen hatte ich ein eigenes Architektur-Büro; keine Baustellen, aber Arbeit am Reißbrett, während Leningrad belagert war, Alltag bei uns. Einmal ein hartes Knallen in der Luft, und als ich ans Fenster trat: ein Flugzeug mit Rauchschweif, es trudelte kurz, dann stürzte es ziemlich senkrecht. Eine Messerschmitt der schweizerischen Luftwaffe, wie das nächste Morgenblatt meldete; Verletzung unsres Luftraums. Die Messerschmitt der deutschen Luftwaffe hatte ich schon nicht mehr gesehen, als ich ans Fenster getreten war. Was redeten wir? Alltag mit Ausflügen auf dem Fahrrad, Schwimmen im Greifensee.

Weihnachten beim Militär erlebte ich ein Mal. Sonderdienst als Zeichner in einer Festung. In der niedrigen Kantine gab es einen Christbaum, Essen aus Tellern, am Tisch zwei oder drei Frauen von Offizieren und Lieder und zum Schluß einen Kuchen, den die Frauen von Offizieren gestiftet hatten, und draußen schneite es, und die einfachen Soldaten waren dankbar. So familiär war die Armee. Ich glaube, es gab nicht bloß Tee. Und wir bekamen sogar ein Geschenk in weihnächtlichem Papier: ein Paar gute Socken, ein Taschentuch. Es war Stimmung; sie erinnerte an Weihnachten auf einem Gutshof, wenn das Gesinde beschenkt wird, und wir trugen den Waffenrock, alle manierlich. Ein Kommandant, ohne Mütze auch er, redete kurz, Dank im Namen der Armee, auch er konnte Weihnachten nicht im Kreis seiner Familie verbringen und erinnerte an die vielen vielen Soldaten auf den Schlachtfeldern an diesem heiligen Abend.

Reisen war in diesen Jahren nicht möglich. Istanbul und Griechenland als Jugenderinnerung. Wieder ein Winter mit wenig Kohle, ein Sommer mit Anbauschlacht in öffentlichen Anlagen und auf privatem Grund: Kartoffeln, Hafer, Mais. Der Krieg schien nach Osten abzuziehen. Wenig Butter, wenig Zucker, ein Ei pro Woche. Wehrmachtsberichte mit Angabe der versenkten Tonnage pro Woche. Unsere Städte verdunkelt, obschon die britischen und amerikanischen Geschwader sie nicht suchten; im Zimmer die schwarzen Vorhänge aus Rücksicht auf Deutschland im Krieg. Mangel an Benzin, mein Architektur-Professor kam mit dem Fahrrad; einmal ertappte ich ihn: er saß und aß Schokolade, die Ration für einen Monat, und hatte mein Klopfen nicht gehört. Mangel an Zement und Eisen, es wurde kaum gebaut, aber gezeichnet und gerechnet für den Frieden. Welchen Frieden? Brot mit Zusatz von Kartoffeln; wenn es nicht richtig gebacken war, so blieb das Loch, das ein Kinderfinger hineingedrückt hatte. Kein Hunger, aber wir waren schlank. Gelegentlich hörte man seine Stimme aus den Fenstern der Nachbarn, die Stimme von Hitler; man kannte sie, ohne die Wörter zu hören. Arbeit als Angestellter in Baden, Renovation eines Gasthauses in Heimat-Stil; Baracken an der Limmat: die polnischen Internierten, die in Frankreich hatten kämpfen wollen, Männer in Kaki-Uniform und mit Spaten in einem Rübenfeld, während in Toulon die französische Flotte versenkt wurde. Eine Dame vom Zürichberg, die sich bei Ausbruch des Krieges offenbar mit Vorräten hatte eindecken können, schenkte mir, als Glückwunsch zu einem beruflichen

Erfolg, eine kleine Dose Nescafé (oder zwei?): diese Freude, diese Dankbarkeit. Und dann lag im Briefkasten wieder so ein Marschbefehl. Kein Schrecken; man hatte damit gerechnet. Nur eine wachsame Armee usw. Also Marschbefehl mit Datum, Ort, Tageszeit; der Zettel berechtigte zum Bezug einer Bahnkarte. Man wußte nun schon, was einen erwartete. Dauer des Dienstes unbestimmt. Ehefrau oder Nachbar halfen beim Rollen des Kaputs. Im Urlaub durfte der Kaput nicht gerollt bleiben. Wegen Motten. Damit diese Rolle, die auf dem Tornister zu befestigen war, nicht zu kurz und nicht zu lang geriet und damit sie hart genug wurde, diese Rolle, die den Vorgesetzten auf den ersten Blick verriet, was sie die Dienstauffassung nannten, brauchte es vier kräftige Hände und Geduld. Es empfahl sich, diesen Kaput schon am Vorabend zu rollen, nicht erst in letzter Stunde; unter Nervosität gelang dieser erste Akt unsrer Wehrbereitschaft schon gar nicht.

Eindruck nach dreißig Jahren: Wir übten uns in einer Legende. Zeitweise hatte man diesen Verdacht schon damals. Geblieben ist die Legende.

Keine Leuteschinderei oder kaum, allenfalls aus Versehen, nicht aus Bösartigkeit. Unser Leben war der Armee kostbar. Unvorsichtigkeit eines Kanoniers wurde bestraft, es hatte geheißen: Hier wird nicht gebadet. Vor kurzem waren in diesem Fluß zwei Soldaten ertrunken: sie hatten Befehl: Hier wird gebadet.

Ein Leutnant (später Oberleutnant) war Bankangestellter; der andere war Elektro-Ingenieur, Offizier aus besseren Kreisen, wo man auch gesellschaftlich eher mit Offizieren zusammenkommt; der dritte, ein Tessiner, war lustig, Sohn einer Groß-Garage und Burlador. Keiner ein Militarist von Geblüt. Man täte ihnen Unrecht; sie haben die militärischen Rituale, die Tag für Tag unsern Umgang bestimmten, nicht ersonnen. In der Gala-Uniform, die der Mannschaft übrigens nur selten und ungern gezeigt wurde, womöglich nur kurz vor Abtreten, wirkten sie ziemlich verkleidet; der Bankangestellte mit Säbel, dazu Handschuhe straff in der Hand. Schon besser stand es dem Burlador von der Groß-Garage; er trug's ganz als Kostüm für die Mädchen von Lugano, nicht für seine Mechaniker vom Dienst. Wieder anders beim Turnen: Kanonier und Leutnant plötzlich im gleichen Tenü, Oberkörper frei, Turnhose, Turnschuhe und keine Mütze, nirgends das Rangabzeichen. Eins zwei hoch, drei vier tief, eins zwei hoch und halt. Was irritiert sie? Die Anrede blieb: Kanonier einerseits und anderseits: Herr Leutnant, Herr Oberleutnant. Trotz des gleichen Tenüs kam es nicht zu Verwechslungen; ihr Gesicht war uns ja bekannt, ihre Stimme, weniger bekannt schon ihr Hinterkopf ohne Mütze und ohne Kragen, unbekannt ihr Körper ohne Offiziers-Waffenrock auf Taille, Beine ohne Reithosenschnitt und ohne die hohen Stiefel. Warum sollten sie, Bankangestellter und Elektro-Ingenieur, besser turnen können als ein Gärtner, der im Turnverein war? Ich erinnere mich nicht mehr, ob es im Turn-Tenü auch zu Achtungstellungen kam. Wahrscheinlich. Wie sollte man anders miteinander umgehen? Aber sparsam; es fehlten die Absätze, die Hosennaht, die Mütze. Und wenn andere im Waffenrock vorübergehen, Kanoniere, die plötzlich ihren Kopf nach der Seite reißen, ihre Hand an die Mütze reißen, um den Offizier ohne Kragen zu grüßen: was macht er da? Er nickte, wie man denn nickt, wenn man, gerade im Negligé, keine Zeit hat. Komisch wirkten dann die Kanoniere, fast parodistisch mit ihren Faxen, die für den Rest des Tages (es war sechs Uhr morgens) unsere eigenen sein würden. Was dieses Ritual der permanenten Devotion bezweckt, merkten wir nicht mehr. Wir grüßten — wen? — nicht das schweizerische Großbürgertum; wir grüßten militärisch (ob in Kolonne oder stramm als Einzel-Kanonier) nur seine unteren Diener, nicht einmal Statthalter; es war enttäuscht, wer im Urlaub unseren Oberleutnant B. in der Schweizerischen Kreditanstalt sah, unseren Oberleutnant E. in einem Büro von Brown Boveri: Angestellte halt, dort wie hier im Dienst für den gleichen Dienstherrn, hier mit Säbel, dort ohne.

Einmal bekam ich die Erlaubnis, eine Woche lang ein Zimmer zu mieten, um Korrekturen für einen Roman zu lesen. Kein Lichterlöschen um 22.00 Uhr. Wieviel leichter der gleiche Dienst wird, wenn man wenigstens in der Nacht einmal allein ist —

Haß auf die Offiziere? Dazu müßte sich ein Offizier schon blödsinnig benehmen, und das taten die Offiziere unsrer Batterie nicht. Es hätte ihnen selber den Dienst erschwert. Haß auf die Offiziere lohnte sich auch für uns nicht; das erschwerte uns nur die Ausführung ihrer Befehle. Es kam meines Erinnerns nicht vor, daß ein Offizier bei der ganzen Mannschaft und auf Dauer verhaßt gewesen wäre. Grund zum Haß hatte der eine oder andere in der Mannschaft; das verstand man von Fall zu Fall, ohne daß es zu einer Solidarität kam. Wieso hatten die Offiziere trotzdem Angst? — zum Beispiel bei der Zusammenstellung einer Patrouille; der Offizier witterte natürlich, welche Leute in der Mannschaft einander mögen, und das hätte uns so passen können, zusammen in der gleichen Patrouille zu sein! Das mochte die Armee nicht. Es hätte dabei etwas entstehen können, keine Meuterei, ein Konsens. Eine Gruppe von Leuten, die einander nicht besonders mögen, ist verfügbarer. Das Militär verlangt, daß wir uns wie Kameraden verhalten; es legt keinen Wert darauf, daß wir Kameraden sind. Das kann es sich gar nicht leisten.

Der sozialdemokratische Gefreite sagte: Arbeiter. Alle andern sagten: Büetzer — was denselben Stand bezeichnet ohne politische Kategorie; es tönt etwas trotzig, aber der Trotz befriedigt sich in einem gemütlichen Selbstmitleid. Es heißt: die andern haben's besser, und so ist es halt und so bleibt es halt. Ob mit diesem Hitler oder ohne. Es war nicht leicht einzusehen, was sie mit unserem 7,5 cm Feldgeschütz verteidigten. Die Neutralität. Die Freiheit. Unsere Unabhängigkeit. Das wurde ihnen gesagt, und für viele war es im Militär nicht härter als in ihrem Beruf, darauf konnte die Armee sich verlassen.

Manöver als Labsal. Biwak im alpinen Gelände, da war's eben nicht mehr möglich, unsere Schuhe schnurgerade auszurichten. Manchmal hatte man Glück, einen Posten, wo man irgendetwas denken konnte. Und die Offiziere waren beschäftigt; Müdigkeit machte sie etwas sachlicher. Sie kamen nicht aus einem Zimmer mit Bett, sondern ebenfalls aus dem Biwak; die Ordonnanz hatte ihnen die Stiefel geputzt wie immer, aber sie standen in ihren Stiefeln anders als sonst, nämlich mit einem Rucksack. Sie aßen von der Feldküche, wenn auch aus Tellern. Sie befanden sich im Examen, angewiesen auf die Mannschaft, zeitweise nervös. Es kam vor, daß sie Hand anlegten, wenn ein Geschütz über die Böschung heraufgezogen werden mußte; sie rutschten aus. Das machte sie sympathischer. Es mußte gehen, aber ein Kanonier konnte da einen Vorschlag machen, wie es leichter zu machen wäre. Krampf, aber Urlaub vom Ritual. Es ging auch so. Wenn das Manöver überstanden war: Defilee zur Wiederherstellung des Rituals, es änderte sich nichts, schultert Gewehr, gradaus Taktschritt marsch, Kopf rechts, Kopf gradaus.

Die meisten hatten mehr Diensttage als ich. Ich bekam Urlaub, um das Studium abzuschließen, 1941, später setzte sich das Bauamt der Stadt Zürich für Urlaub ein, damit ein Projekt, Arbeitsbeschaffung nach der Demobilisation, gefördert werden konnte. Urlaub: unter der Dusche allein, die leichten und erstaunlich sanften Halbschuhe, und daß man grüßte, wen man grüßen wollte; Arbeit mit eigner Verantwortung. Leider war Krieg, davon wußte man im Urlaub mehr, ich begegnete Leuten jener Schicht, die in der Armee nicht anzusprechen ist. Manche waren etwas erstaunt, daß ich Nur-Soldat war. Nicht einmal Unteroffizier? Ich machte einer Schwiegermutter nicht grad Ehre. Da war zu Gast ein britischer Offizier, Mediziner von Beruf, abgeschossen über Tobruk, Kriegsgefangenschaft in Sizilien, Flucht in die Schweiz. Und er lobte die Schweiz nicht, obschon die Dame des Hauses sehr darauf wartete. Ein Gentleman; kein Wort vom Krieg aus persönlicher Erfahrung. Erst als die Dame des Hauses, Mutter zweier Leutnants, die Schweiz ausführlich gelobt hatte und schließlich, da der Brite nur zuhörte, nochmals zu loben das Bedürfnis empfand, beiläufig sein Hinweis: er sei dort von einer schweizerischen Oerlikon-Flab abgeschossen worden. Man konnte es auch so hören: Anerkennung der Qualität schweizerischer Produkte. Ich hörte zum ersten Mal den Standard-Witz: Sechs Tage in der Woche arbeiten die Schweizer für Hitler, am Sonntag beten sie für den Sieg der Alliierten. Der Brite aber zeigte der Dame des Hauses, daß er Verständnis habe; ein Gentleman.

Mai 1940, eine Telephon-Patrouille hatte in der Nacht, als wir den deutschen Überfall erwarteten, eine Leitung zu legen und kam an die Hauptstraße auf dem Mutschellen, die von Zürich landeinwärts führt, Verdunkelung, Autos fuhren mit Blaulicht, Kolonnen von Privat-Autos aus Zürich; einer von uns stellte sich mit der Taschenlampe auf die Straße und fragte die Zivilisten: Wohin denn? Er machte sich den Spaß, jeden anzuleuchten: Wohin? Sie waren bleich und fügsam, nervös wie an einer Grenze. Einer also hatte ein Ferienhaus am Thunersee, der Nächste hatte Verwandte im Emmental, wieder einer ein Ferienhaus usw. Zürich wird verteidigt, sagte unser Wehrmann mit der Taschenlampe und mit einer schweren Kabelrolle auf dem Rücken, dazu sind wir ja hier. Ein andrer ohne Spaß: Meine Frau hockt nämlich auch in Zürich, Herrgottnochmal. Die Autos schwer beladen, Koffer, Taschen, Pelzmäntel, sogar Leuchter, die gerollten Teppiche auf dem Dach . . . Ich war also entrüstet. Der mit der Taschenlampe, die schwere Kabelrolle auf dem Rücken, hatte einen realistischeren Kopf: Die haben halt ein Ferienhäuschen! — wir nicht.

Der Kampfwille, den jeder rechte Schweizer sich selber unterstellte: ein Kampfwille für den Fall, daß die Schweiz angegriffen wird. Anders als durch Übungen im friedlichen Gelände war dieser Kampfwille nicht zu bezeugen. Ein ungeprüfter Kampfwille also; ein Vorsatz ohne Beweise der Fähigkeit. Ferner ein Kampfwille mit dem nüchternen Bewußtsein, daß an einen militärischen Sieg nicht zu denken ist, nur an Widerstand so lang wie möglich. Kein Verantwortlicher konnte sagen: Wir sind nicht zu besiegen. Daher wurde wenig gesagt, wie Krieg für uns aussehen könnte. Man hatte zu wissen, daß niemand an unserem Kampfwillen zweifelt, und das verpflichtete uns, selber an diesen Kampfwillen zu glauben. Das tat ich.

Die vier Bunker damals . . Wiesland grün und flach, da und dort ein Apfelbaum, ein offenes Gelände. Weiter drüben wäre Wald gewesen. Auf diesem offenen und grünen Tablett, vom Flugzeug aus gesehen: die vier lehmgelben Baustellen in einer Figuration, die alles verriet; die Bunker gerade fertig, eine Beton-Maschine noch da, auf den Bunkern die frische Erde. So viel wußten wir von den deutschen Stukas schon: das gibt kein langes Suchen, und vier Sturzflüge genügen. Wir hätten es vorgezogen, die vier Geschütze unter die Apfelbäume zu stellen da und dort, noch lieber in den Wald. Natürlich hatten wir da nichts vorzuschlagen. Wo führte das hin. Später einmal, mit dem Hauptmann allein in einem kleinen Kommando-Zelt, erkundigte ich mich, wie er unsere Stellung damals beurteilt habe; wir waren jetzt in einer andern Landesgegend, so daß man darüber sprechen konnte. Ein Witz, das hatte er damals gewußt, wahrscheinlich wären wir erledigt gewesen, bevor die Batterie mit ihrer bescheidenen Reichweite auch nur ein Ziel gehabt hätte. Auch er, der Hauptmann, hatte eben Befehl von höheren Befehlshabern.

Wie jemand Hauptmann wird, das wußte die Mannschaft ungefähr; das lag noch in ihrer Sichtweite. Wie wird jemand Major? Und Oberst? Sicher gab es da eine strenge Auslese, und diese Männer, auch zivil in führenden Positionen, erbrachten viele Opfer für die Armee, das konnte man sich ausrechnen, Opfer an Zeit. Zuletzt beförderte dann der Bundesrat. Kein Divisionär von Gottesgnaden; das mußten Männer sein, die sich schon bewährt hatten, Persönlichkeiten . . . Einmal, in einer halben Theorie-Stunde, fragte einer, wie das überhaupt sei und wie man Oberst werde. Einer, der nicht einmal als Richt-Kanonier in Frage kam; ein Dummer. Ob er etwa Oberst werden möchte? Lautes Gelächter. So hatte er's nicht gemeint, aber er setzte sich. Ich konnte es ihm nachher auch nicht sagen, wußte bloß, daß gewisse Leute keinesfalls Major oder Oberst werden können in unsrer Armee.

Im Urlaub, wieder im weißen Zeichenkittel, vergaß ich sofort. WER NICHT SCHWEIGEN KANN, SCHADET DER HEIMAT. Ich hatte auch gar kein Bedürfnis, etwas aus dem Militär zu berichten, nur Bedürfnis nach gelernter Arbeit und Wanderungen; Literatur als Erholung —

Kam man aus einem längeren Urlaub zurück, so fand man die Batterie in einem andern Dorf, sonst unverändert. Sie putzten grad,

Blicke einer natürlichen Schadenfreude. Die erste Achtungstellung vor dem Feldweibel. Ein Platz im Stroh, ein schlechter natürlich. Man hatte nichts verlernt. Alles wie gewohnt. Die andern hatten nichts Neues gelernt. Karabiner umhängen, gradaus Marsch. Sofort war es wieder da, Schweigen im Kopf, Militär. Alles in allem ein Idyll und gesund.

Zum Teil erinnere ich mich nicht, davon gewußt zu haben, obschon man es hätte wissen können; zum Teil hat man es nicht wissen können, was in unserem Land getätigt worden ist in diesen Jahren.

4. 10. 1938
In Berlin finden Verhandlungen über die Einführung eines Visumzwangs für Deutsche statt. Die schweizerische Delegation begnügt sich mit dem Antrag, stattdessen nur die Pässe von deutschen Juden, die ins Ausland reisen wollen, mit einem J zu kennzeichnen. Der Bundesrat stimmt einstimmig zu.

17. 10. 1939
Der Bundesrat schafft eine neue rechtliche Grundlage für die Behandlung der Flüchtlinge; danach werden die Kantone angewiesen, Ausländer, die rechtswidrig in die Schweiz gelangt sind, wieder über die Grenze zurückzustellen. Eine Regelung, die Tausenden und Tausenden das Leben kosten wird.

1. 11. 1941
Nach einem Befehl des Eidgenössischen Kommissariats für Internierung ist es der schweizerischen Bevölkerung verboten, den Internierten rationierte Lebensmittel oder Lebensmittelmarken zu geben, sie das Privattelefon oder ein Fahrrad benützen zu lassen. Ohne spezielle Bewilligung ist den Internierten das Betreten privater Wohnungen untersagt, ebenso der Besuch von Theatern, Kinos und Gaststätten.

30. 8. 1942
Nach drei Kriegsjahren befinden sich 9600 Flüchtlinge in der Schweiz. Bundesrat v. Steiger, verantwortlich für die schweizerische Flüchtlingspolitik, erklärt vor einer Landsge-

meinde der Jungen Kirche: „Das Boot ist voll." Einwohnerzahl der Schweiz: 4 265 703.

6. 8. 1943
In einer Antwort auf britische und amerikanische Noten, die sich mit dem schweizerischen Asylrecht befassen, erklärt der Bundesrat, daß er dieses Recht in voller Souveränität und im höheren Interesse des Landes ausüben werde.

9. 1. 1944
Edda Ciano, die Tochter Mussolinis, überschreitet mit ihren Kindern illegal die schweizerische Grenze. Das Asyl wird ihr verweigert, aber sie verläßt das Land erst nach dem Krieg.

12. 7. 1944
Das zuständige Departement erläßt neue Weisungen für die Aufnahme von Flüchtlingen; zum ersten Mal werden Juden als allgemein gefährdet und insofern als Flüchtlinge anerkannt.

30. 7. 1944
Der italienische Faschist Graf Volpi wird als Flüchtling aufgenommen.

1. 8. 1944
Es befinden sich 13 014 militärische Internierte in der Schweiz, darunter 1100 amerikanische Piloten. Bis Kriegsende bleiben insgesamt 158 amerikanische Flugzeuge in der Schweiz. Hingegen sind 1940 auf Beschluß des Bundesrates die 17 in der Schweiz internierten deutschen Piloten freigegeben worden; unter Mißachtung der Neutralität sind die deutschen Flugzeuge ebenfalls ausgeliefert worden.

6. 2. 1945
Der Bundesrat protestiert bei der deutschen Regierung gegen die Massenvernichtung von Juden und gestattet die Einreise von 1200 jüdischen Insassen des Konzentrationslagers Theresienstadt.

22. 4. 1945
Es gelangen über 13 000 Flüchtlinge in die Schweiz, hauptsächlich Zwangsarbeiter und Kriegsgefangene aus Deutschland, darunter 5446 Russen; sie kommen in Lager und werden zum Teil, wie sich später herausstellt, unangemessen behandelt.

8. 5. 1945
Tag der Waffenruhe: insgesamt 106 470 Flüchtlinge und Internierte in der Schweiz. Korruption im Interniertenwesen wird aufgedeckt, Vergehen in den Jahren 1942 und 1943; in den Skandal verwickelt sind ein Hilfsdienstpflichtiger und 170 Offiziere, darunter 5 Oberste.

Kam es zu Arrest-Strafen: Vortreten beim Hauptverlesen, die gerollte Wolldecke unter dem Arm, der feldgraue Sträfling als komische Figur. Immerhin klappte es bei solchen Hauptverlesen besonders; Mannszucht wie erwünscht. Ich erinnere mich nicht, daß die Mannschaft, und wäre es auch nur der Zug, dem der Bestrafte angehörte, je zu einem Protest angetreten ist, zum Beispiel durch stundenlanges Singen vor dem Arrest-Lokal, geschweige denn durch Hungerstreik. Wir hatten unseren Ausgang, viel Freiheit auch nicht, zwei oder drei Stunden in Wirtshäusern; der andere in einem dunklen Stall hatte eben Pech. Wenn die Örtlichkeit es erlaubte, wurde er, sofern die Kameraden ihn gerne mochten, gelegentlich mit Zigaretten versehen oder mit Schokolade. Ob Unrecht oder nicht, das war kein Thema, unser Dienst in den nächsten drei Tagen fast so öde wie sein Arrest. Und trotzdem: es wirkte, die Vorgesetzten hatten es zwar nicht leichter mit den Leuten, wenn sie aus dem Arrest kamen, aber leichter mit den andern. Infolgedessen waren es oft dieselben Leute, die in den Arrest kamen, die Vorbestraften, und nie viele auf einmal; es mußte der Eindruck gewahrt bleiben: die Mehrheit ist brav, die Mehrheit stänkert nicht, die Mehrheit hält zu den Offizieren. Es wirkte aber auch umgekehrt; waren zwei oder drei Leute schon im Arrest, so konnte die Mannschaft sich mehr erlauben. Der gleiche Offizier scheute sich jetzt, weitere Strafen zu beantragen; er bangte um sein Führungszeugnis.

Ich war nicht beim Militär, als Paris befreit wurde. Wir feierten auf der Straße in Zürich. Ich erinnere mich nicht, daß bei Ereignissen solcher Art unser Dienst unterbrochen worden wäre, zum Beispiel daß der Hauptmann dienstlich eine solche Nachricht ausgesprochen hätte. Interesse am Weltgeschehen war privat, aber gestattet.

Die Kader hatten es leicht mit uns; sie brauchten die Mannschaft nicht davon zu überzeugen, daß die Schweiz, wenn sie sich gegen Adolf Hitler verteidigt, einen gerechten Kampf führt. Das war klar. Adolf Hitler war kein Schweizer und hatte sich hier nicht einzumischen. Eine Widerlegung der faschistischen Propaganda? Es schien zu genügen, daß wir die Mütze nicht schief auf den Kopf setzten und daß in den Marschschuhen kein Nagel fehlte. Wir wollten nicht zum deutschen Reich; davon brauchten sie uns nicht zu überzeugen. Unsrerseits kein Zweifel an der Kampfbereitschaft unsrer hohen Kader, kein Verdacht. Die Kampfkraft der schweizerischen Armee hing einzig und allein von unserem Gehorsam ab, so schien es.

Die Rede an das Schweizervolk (25. 6. 1940) eines schweizerischen Bundespräsidenten, der seinen neutralen Weitblick bereits auf das Neue Europa von Adolf Hitler richtete, überhörte ich damals.

Im Urlaub übers Wochenende war die Uniform zu tragen und wurde lästig, wenn man verliebt war. Sie stank nicht, die Uniform, oder kaum. Sie behinderte das Gespräch. Man kannte einander schon anders; die Uniform als Verkleidung, ein Ehrenkleid wenigstens im Urlaub, Ausweis für Tauglichkeit. Wenn man zusammen auf der Straße ging: immer diese Mütze. Wie könnte der Soldat sonst grüßen, wenn ein Offizier, im Urlaub auch er, des gleichen Weges kommt. Im Café durfte man sie vom Kopf nehmen, die Mütze, und ordentlich in den Gürtel stecken. Es war nicht verboten, die Mütze in der Garderobe aufzuhängen; das taten die Offiziere sowie die höheren Unteroffiziere, weil sie die steifen Mützen hatten. Ob der Soldat auch wußte, wie man sich im Café dieses Stils zu benehmen hat, wurde abgewartet; das spürte man eine Weile lang und fragte sich, ob man nicht anderswohin hätte gehen sollen. Auch die Kommilitonin schien es zu spüren; sie zeigte jetzt nur noch ihre gute Kinderstube. Ohne Mütze also; es blieb der Waffenrock mit der Farbe der Waffengattung und mit der Nummer der Einheit, und da saß man nun, ohne die Hand auf ihren bloßen Arm zu legen. Der Waffenrock bestimmte nicht das Gespräch, aber das Gespräch stimmte nicht zum Waffenrock. Auch sie legte ihre Hand nicht auf den Waffenrockärmel. Ging man, um die leichte Befangenheit loszuwerden, in ein anderes Lokal, ein volkstümliches, so ergab sich die andere Befangenheit. Was so ein Kanonier will, bevor er wieder einzurücken hat, weiß jeder Kellner und zeigt es der Soldatenbraut. Im Wald oder draußen auf dem See, wo nicht mit Offizieren zu rechnen war, konnte man den Waffenrock ausziehen. Dann kamen die Hosenträger zum Vorschein. Anders waren diese Röhrenhosen nicht zu halten. Das Hemd, ein kragenloses, weil sich der Kragen des Waffenrockes sonst nicht zuknöpfen ließe, war frisch. Man hatte sich Briefe geschrieben. Wie gesagt, man kannte einander schon anders und versuchte an Vertraulichkeiten anzuknüpfen trotz Hosenträgern. Das war möglich, sobald beide ihr Badezeug trugen.

Zu dieser Zeit (Juni 1940) wurde ein geheimer Offiziersbund gegründet, der gelobte, Widerstand zu leisten gegen Hitler: notfalls auch gegen den Willen von Bundesrat und General. Es gehörten diesem Bund insgesamt 37 Offiziere an.

Zu dieser Zeit wußte ich nicht, wie man ein Motorfahrzeug in Bewegung setzt. Einen Kanonier ging der Motor nichts an. Einmal als Vorschlag: man könnte uns doch unterrichten für den Fall, daß so ein Camion noch fahrtüchtig ist, der Fahrer aber tot, der Beifahrer verwundet. Wir hatten ja Zeit. Für den Hauptmann stand ein Personenwagen zur Verfügung, notfalls ein Motorrad mit Fahrer. Unser Hauptmann am Steuer, weil der Fahrer aus irgendeinem Grund nicht zur Stelle war, oder allein auf dem Motorrad, das habe ich nie gesehen. Der Fahrer hatte eben zur Stelle zu sein, dazu war er ja im Dienst. Im übrigen waren wir nun einmal eingeteilt: Kanoniere und Fahrer.

Wichtig: daß die rechte Hand, nachdem sie die sechs Patronen ins Karabiner-Magazin gedrückt hat, sofort an die Patronentaschen greift, um zu prüfen, ob diese wieder geschlossen sind, und zwar ohne Blick auf diese Patronentaschen, Blick auf den Feind im Gelände. Dies alles übten wir.

Geblieben ist nach dreißig Jahren eine bemerkenswerte Empfindlichkeit, wenn Ausländer meinen sich zur schweizerischen Armee äußern zu können . . . Ich fahre mit jungen Briten (BBC-Team) über den Gotthard und durch die Leventina hinunter, ein schöner Tag. OH, sagt Mark, THE SWISS ARMY. Ich sage nichts.

Mark ist ein kluger und heller Kopf, einem jungen Lord Byron nicht unähnlich, trotzdem kann er nicht den Mund halten, als wir nach einer halben Stunde abermals eine Kolonne im Tarndress sehen: WHAT ARE THEY DOING? Ich versuche nicht merken zu lassen, daß ich sauer werde; warum sein trockenes Grinsen? Ich erwarte nicht Furcht und Zittern, immerhin kostet die Armee jährlich fast zwei Milliarden. HAVE YOU SERVED IN THE SWISS ARMY? Ich sage: OF COURSE, und nach einer Pause: WHY NOT? Endlich merkt er, daß er an Familiäres rührt, und das schickt sich nicht, wenn man Brite ist. Noch empfindlicher bin ich, wenn ein ehemaliger deutscher Landser sich äußert; ein Hitler-Gegner, mag sein, jedenfalls heutzutage klever, nur etwas herablassend, weil er so viel Scheußliches erlebt hat und wir nicht. Damit werde ich fertig. Warum eine Schweiz ohne Armee nicht denkbar ist, habe ich noch keinem Ausländer zu erklären versucht; ich weiß es. Ferner stimmt es ja, daß die schweizerische Armee, wie trefflich sie heutzutage gerüstet ist, niemand bedroht, jedenfalls keine anderen Länder. Ein andermal bin ich mit einem deutschen Gast und seiner Familie an einem heimischen Bach, Picnic, ich baue da eine ordentliche Feuerstelle und mache Feuer, um Würste zu braten. DER SCHWEIZER WEHRMANN! lächelt der verehrte Gast (Jürgen Habermas) arglos, und schon werde ich wieder sauer, wortlos sauer —

Andere Batterien hatten zeitgenössische Geschütze, Kaliber 12 cm, Räder mit Gummi-Reifen, sodaß sie nicht verladen werden mußten, sondern auf der Straße fahren konnten, und man brauchte sie nicht auf Böcke zu stellen, um eine steilere Schußbahn zu haben; sie zu sehen war jedesmal tröstlich.

Unterricht über die Kriegslage? Das blieb den Tageszeitungen überlassen, die unter Zensur gestellt waren. Die Armee hatte kein Bedürfnis, die Mannschaft zu unterrichten in der Dienstzeit. Vorträge über unsere Lage? In unsrer Batterie habe ich nie einen solchen Vortrag gehört. Hin und wieder ein Feldgottesdienst, einmal ein Kabarett, kein politisches, ein fröhlicher Abend mit Elsie Attenhofer. Unterricht in der Geschichte unsres Landes? Die Armee begnügte sich mit unserem Wissen aus der Volksschule. Unterricht in der Landessprache, die im Tessin gesprochen wird? Drei Mal eine halbe Stunde. Unser Dr. phil.-Kanonier, Sprachlehrer, machte es gut; ich weiß nicht, warum der Kurs nicht fortgesetzt wurde.

Daß ein Offizier vor der Mannschaft sich für die Nazi aussprach, das habe ich nie gehört. So wenig wie das Gegenteil. Zwar konnte in diesen Jahren kaum ein andrer militärischer Feind gemeint sein. Ich habe auch nie gehört: Die rote Armee. Die blutete hinter Odessa. Die Mannschaft hätte gelacht, wenn die schweizerischen Offiziere ihr eigentliches Feindbild namentlich verraten hätten. Das hätte nicht empört, glaube ich, aber verwirrt; warum sollten wir denn, wenn uns schon das Bekenntnis zur Neutralität nicht schützte, die deutsche Wehrmacht schwächen?

Wir mußten beschäftigt werden. Eine Truppe auf Pikett. Turnen tat gut, nur konnte man nicht den ganzen Tag turnen, es machte Spaß, ohne Waffenrock und Lederzeug und Karabiner. Fachdienst am Geschütz; aber wir kannten nun unsere Verrichtungen schon, auch die Namen aller einzelnen Teile eines zerlegten Verschlusses. Inspektion der persönlichen Ausrüstung lohnte sich nur einmal in der Woche, sonst fanden sie keine Spur von Grünspan. Theorie; aber die Abzeichen für Dienstgrade und Waffengattungen kannten wir schon. Munition zu verschießen, nur um die Truppe zu unterhalten, verbot die Ökonomie. Zum Glück gab es immer etwas zu bewachen, vor allem uns selber zu bewachen. Übungen im Gelände, Übungen bei Nacht; nachher gab es viel zu putzen, aber dann war es wieder blank. Die Tagesbefehle, beim Hauptverlesen vorgetragen, bezeugten uns, daß wir überhaupt keine Fortschritte erzielten; es mußte alles wiederholt werden. Sicher langweilte es die unterzeichnenden Kommandanten selber: Tagwache, Turnen, Frühstück, Exerzieren, Fachdienst, Theorie, Mittagessen, Inspektion usw. Allenfalls ein Besuch des Brigade-Kommandanten. Unsere Offiziere hielten zu uns, das spürte man; kein Grund zur Aufregung. Ehre der Einheit, davon brauchte unser Hauptmann nichts zu sagen; er tat, als sei der Brigade-Kommandant, der jeden Augenblick erscheinen sollte, auch nur ein Landsmann. Ob die Öse an meinem Kragen geschlossen ist, prüfte er ohne Rüge im Sinn; ein Betreuer. Der übliche Befehl: Batterie Achtung Steht! wirkte wie ein Blitz. Wir sahen ihn nicht, Blick gradaus, man hörte das Schlagen einer Wagentüre, vorher schon das Schlagen der Absätze unsres Hauptmanns. Es regnete. Ein Korporal, den der Brigade-Kommandant etwas gefragt hatte, zum Beispiel, ob er im Thurgau zuhause sei, war an diesem Tag einfach glücklich. Der Leutnant vor uns, stramm wie ein Kanonier, wurde nicht angeredet, nicht gefragt, ob er im Thurgau zuhause sei. Ich war jetzt froh zu wissen, daß die Öse an meinem Kragen wirklich geschlossen ist. Der Brigade-Kommandant: Stil, nicht bloß Befehlsgewalt; da wirkte Macht durchaus angeboren und gelassen. Es machte Eindruck, daß solche Leute, die es sonst nicht nötig haben, sich in den strömenden Regen begaben; es gab ihnen eine Aura, anders als wenn Soldaten im selben Regen stehen, eine Aura von Opfersinn. Natürlich wußte man, daß sie nachher in eine andere Art von Unterkunft gehen, aber im Augenblick regnete es ohne Standesunterschiede. Erst am nächsten Tag gab es wieder Drill, gemäß Tagesbefehl, ich will nicht übertreiben: eine halbe Stunde. Dafür genügte ein Korporal, der stehen blieb und schrie: Laufschritt, Liegen, und indem er sich auf dem Absatz nach der andern Seite drehte: Abteilung in Zweierkolonne Sammlung. Das stank auch dem Korporal, weswegen er reizbar war, Maurer von Beruf, empfindlich gegen blöde Witze von Untergebenen. Es war heiß; ein Witz, der einen zusätzlichen Laufschritt oder Taktschritt eintrug, lohnt sich wirklich nicht. Jeder Tag ohne Krieg war ein Geschenk, jede Minute mit Gewehrgriff oder Ausrichten der braunen Wolldecken usw. Es war nicht unerträglich. —

Zur Geburt des ersten Kindes hatte ich Urlaub. In dieser Nacht hörte man das schwache Brummen von Bombergeschwadern in Richtung München oder Ulm, später ihr Brummen auf dem Rückflug.

Es war nicht unerträglich . . . Gehorsam: die bequemste Art der Existenz in diesen Jahren der großen Schrecken: Abteilung halt, Gewehr bei Fuß, Abteilung rechtsum kehrt. Immer wieder. Die Lage für unser Land konnte nicht allzu ernst sein, das war der tröstliche Eindruck; sonst hätten sie uns anderes zu lehren. So weit ging das Vertrauen in unsere Armee. Inspektion: es langweilte den Leutnant, sich sämtliche Klingen unsres Taschenmessers anzusehen oder die drei Nähnadeln aus dem Mannsputzzeug, und wenn das in Ordnung war, noch eine andere Stichprobe sich einfallen zu lassen, bevor er zum Nächsten gehen konnte. Unser Kampf gegen Grünspan am Lederzeug. Ein anderes Metall für die Nieten kam offenbar nicht in Frage, es hätte für die Inspektion wenig hergegeben. Ich erinnere mich nicht mehr genau, was uns in der halben Stunde, auf dem Tagesbefehl als Theorie bezeichnet, nach dem Drill und vor dem Mittagessen gelehrt wurde. Kenntnis der militärischen Rangabzeichen, aber sicher auch anderes. Was? Taktik blieb ein Thema unter Offizieren. Ich erinnere mich vor allem an die Erlaubnis, die Mütze abzunehmen, vielleicht sogar zu rauchen. Theorie als eine Art von Pause. Einiges aus dem Dienstreglement sollte der Kanonier natürlich kennen. Wurde das Reduit-Konzept erläutert? Instruktion über das Verhältnis des Wehrmanns zur eidgenössischen Militär-Versicherung, nachzulesen im Artikel 10 unsres Dienstbüchleins, Fragen waren erlaubt, entweder gaben sie Anlaß zum Lachen oder sie waren kurz und bündig zu beantworten. Keine Instruktion über den völkerrechtlichen Status der Kriegsgefangenen. Es hätte die Mannschaft erschreckt. Zum Schluß noch ein Vorgesetzten-Spaß, familiär, dann Auf! zur Achtungstellung, Mittagpause, Faßmannschaft. So ernst konnte die Lage nicht sein.

Ein irres Flugzeug in den Bergen nachts. Offenbar suchte es die Piste von Samedan, die aber finster blieb. Nacht mit Sternen. Einmal tiefer, dann wieder höher kreiste es und kreiste, verschwand hinter einem nahen Berg. Stille; ich vermutete, daß es irgendwo am Albula zerschellt war. Nach einer Viertelstunde hörte ich es wieder. Wie eine irre Wespe. Ich stand Wache vor einem Schulhaus, wo die Mannschaft schlief. Sein Gebrumm, dazu gab es Blinkzeichen. Ein verirrter Brite? Ein Deserteur mit Messerschmitt? Die Dörfer waren verdunkelt, das Tal schwarz. Wußte der Pilot, wo er sich befand? Einmal kam die Maschine ganz niedrig, ohne daß der Typ zu erkennen war. Der Wachtmeister, dem ich inzwischen den Vorgang gemeldet hatte, fand nicht, daß es uns etwas angehe; ich hatte Befehl, das Schulhaus zu bewachen, nichts weiter. Es blieb rätselhaft. Je niedriger die Maschine kreiste im Tal, umso gefährlicher für sie; ein Ortskundiger hätte es kaum gewagt. Zeitweise hörte ich nur den Motor. Keine Schüsse. Dann wieder die Blinkzeichen. Mindestens eine Stunde lang. Schließlich kam die Maschine nicht mehr —

Verständlich aus dem Mund des Bundesrates, der Adolf Hitler nicht verstimmen durfte, die Formel: Wer auch immer die Neutralität unsres Landes verletzen sollte —.

Um als Soldat etwas zu lernen, meldete ich mich zu einem alpinen Ski-Kurs. Aufstieg und Abfahrt im Tiefschnee mit Helm und Sturmpackung, Abfahrt in Seilschaft über Gletscher. Der Bergführer, Instruktor, aber nicht Offizier, lachte einem Major ins Gesicht, der uns in militärischer Formation zu sehen wünschte: Das machen wir nicht, Herr Major, hier ist Ernstfall, das Theater können Sie wieder machen, wenn die Leute unten im Tal sind. Der Major schwieg. Lawinengefahr, und schon sah ein Kommandant etwas ein, stillschweigend fair.

Die hauptsächliche Erinnerung an Militär: Erinnerung an Leere. Das Gedächtnis sucht Vorkommnisse; man glaubt es sich ungern, daß man so leer sein konnte. So war es aber. Man sagte: Ich gehe jetzt scheißen. Man sagte: Ich muß jetzt saichen. Man sagte: Jetzt habe ich scheißen können. Das war es, was es mitzuteilen gab.

Ein Professor für deutsche Literatur, ein Oberst, wie ich weiß, aber jetzt in Zivil, unser Gespräch über C. F. Meyer, der in der Irrenanstalt endete, und über Jakob Schaffner, der zu den Nazi überlief, und auch über mein Andorra; ich bin mit seiner These, es handle sich um ein Unbehagen im Kleinstaat, nicht einverstanden, aber überzeugt: ein Humanist auch als Oberst. Ein andermal in der Kronenhalle (Zürich) ein jüngerer und ausgezeichneter Schriftsteller in der Uniform eines Oberleutnants, Anlaß unsres Zusammentreffens literarisch, die Uniform steht ihm nicht schlecht und warum tut er, als sei's ihm peinlich? Als gewöhnlicher Soldat hätte er um diese Stunde in der Kaserne zu schlafen, und das wäre schade. Ein Fabrikant, der sein Grundstück zu verkaufen bereit wäre, ist Major, übrigens hätte er noch ein anderes Grundstück in einer andern Gegend. Eigentlich kommt man viel mit Offizieren zusammen. Ein lieber Nachbar, der öfter zu einem Schach kommt, einmal als Hauptmann, ist Arzt, also Hauptmann bei der Sanität. Das ist gut so. Gelegentlich habe ich auch einen Vorteil davon; ein Stadtrat weiß in der Behörde, die mich schikaniert, einen Dienst-Kollegen und sorgt für eine vernünftige Aussprache zu Dritt; er führt ein Bataillon, der andere ist Adjutant-Unteroffizier in diesem Bataillon, und ich bin dankbar. Wieder ein anderer, ein Ausland-Redaktor, der mich bei einem Angebot der Rockefeller Foundation beraten kann, da er die Leute dort persönlich kennt, ist Oberstleutnant; ein belesener Stratege. Ein Groß-Architekt, der beim Mittagessen, um mit den Herren von der Behörde nicht nur geschäftlich zu reden, kurz und gut die Geschichte erzählt, wie er neulich als Major und im Manöver und mit der ganzen Mannschaft usw., ein froher und energischer Major, ich zweifle nicht daran. Nur erwarte ich nicht, daß unsere Erinnerungen sich decken.

Ein hanebüchenes Unrecht, das mir beim Militär widerfahren ist, eine Schikane, die man nicht anders als persönlich nehmen kann, ein Fall von Perfidie, ein Vorkommnis, das einen untilgbaren Zorn (Ressentiment) hinterläßt – ich erinnere mich an keinen solchen Fall. (Hauptmann Wyss zeigte sich später, nachdem er erfahren hatte, daß ich gelegentlich in der NEUEN ZÜRCHER ZEITUNG veröffentlichte, äußerst korrekt.) Ich hatte Glück; weder Unfall noch Krankheit auf Lebensdauer. Unflätige Anreden durch einen Korporal dürfte es gegeben haben, auch Strafmarsch gruppenweise oder einzeln, Strafarbeit in der Küche sonntags, Strafkriechen usw., was aber regulär ist; kein Vorkommnis.

Es gab schon Vorkommnisse... April und Mai 1945 in Sankt Martin, später am Ofenpaß: Gespräche mit zwei deutschen Wachtposten genau auf der Grenze, ein alter Berliner und einer aus Rothenburg, Familienvater und Pfeifenraucher, sie mußten immer noch fürchten, daß der Nazi in ihrem Zug sie einfach umlegt, wenn sie an Kapitulation glauben; die Zwangsarbeiter drüben, gesehen durchs Scherenfernrohr, und eines Tages plötzlich wird das Stacheldrahtverhau auf der vergrasten Straße abgebaut, Freilassung der Zwangsarbeiter, die uns umarmen und weinen oder blicklos vorbeigehen; zwei Halbwüchsige, die ich durchs Scherenfernrohr hochoben entdeckt habe und später abfange, sind aus der Zwangsarbeit in Stuttgart (um den Bodensee herum) hieher geflohen und wollen heim ins Elsaß; die kleinen Herren der Japanischen Botschaft in Rom, eingetroffen in glanzschwarzen Limousinen, sitzen auf eidgenössischen Wolldecken in der Wiese und bekommen Suppe aus unseren Gamellen und warten auf Asyl, das sie auch bekommen; in Schuls vor dem Bahn tritt in Reih und Glied eine beträchtliche Gruppe in deutschen Uniformen an, Überläufer, darunter der große SS-Junge, ein Kopf höher als jedermann, alle entwaffnet und gehorsam und stramm; einmal ein Transport von KZ-Häftlingen, sie bekommen ebenfalls Suppe oder Tee, doch ihr Gedärm kann nichts mehr behalten; am Ofenpaß in unsrer Baracke ein deutscher Zivilist, der nach und nach zugibt, Angehöriger der Wehrmacht gewesen zu sein, aber nur Trompeter, »wie sie die Juden damals in Riga und später in Rußland umgelegt haben, das habe ich gesehen, aber nicht polnische Kinder, Unmenschen sind wir nicht«, auch er will ja nur heim und versteht nicht, daß ich einen andern Befehl habe und ihn wieder hinauf und über die Grenze führe; ein Rudel von deutschen Zöllnern aus Italien, unsere Suppe finden sie dürftig, sie packen Speck aus ihren Säcken, schneiden Speck in dicken Scheiben und beschweren sich über den Mangel an Organisation hier, während ich eine Baracke für sie heize, so wie über die italienischen Banditen, die ihnen die Uhren genommen haben ... Erinnerung, schon einmal notiert; aber das ist nicht Erinnerung an das schweizerische Militär.

Hin und wieder ein kleiner Koller, aber selten. Kein Tag, der nicht vergeht, und abends war man müde genug, nicht imstande, etwas zu lesen. Rettung in simple Genüsse: Bier. Oder Blick in die Milchstraße, die Hände unter dem Nacken gefaltet. Oder Trauben, in der Dämmerung gestohlen pfundweise. Keine Rettung, wenn es regnete; alle Wirtschaften im Dorf voll Militär. Es genügte wenig: allein auf einer Mauer hocken, Nacht mit Grillen in den Feldern. Oder Rettung aus einem Brief, den man wiederlesen konnte unter einer Lampe im Wachtlokal.

Man kann nicht sagen: sie haben uns zur Sau gemacht. Dazu fehlte in diesen Jahren die Gelegenheit. Schießen auf Teile unsrer Bevölkerung, die anders denken als die schweizerische Finanz und ihre Offiziersgesellschaft, war nicht nötig. Dazu wußte die Bevölkerung in diesen Jahren zu wenig. Die Armee entmündigte uns nur übungshalber für den Fall.

Was wir lernten: nichts zu tun, was nicht befohlen war. Je größer übrigens die Gruppe, umso williger ließ sie es sich gefallen; umso größer erschien die Macht des Befehlenden. Er brauchte nur nicht den einzelnen Mann zu strafen, sondern die ganze Herde: Wir machen das jetzt, bis es klappt! Daran wollte man ja nicht schuld sein, daß alle, statt zur Feldküche gehen zu können, noch einmal an die Gewehre laufen müssen, noch einmal Laufschritt, noch einmal der gleiche Scheißdreck, nur weil einer sich nicht zusammengerissen hatte. Der hatte es nachher bei den Kameraden nicht leicht. Also? Es klappte. So einfach ist die Methode. Was da zum Klappen kam, war meistens überflüssig, aber die Methode wirksam: sie stiftet, was die Befehlshaber brauchen, unsere blinde Unterwerfung. Ich erinnere mich an keinen Fall von kollektiver Renitenz. Die meisten Kommandanten hatten keine Ahnung, wieso die Mannschaft so fügsam war; sie schrieben es ihrer Persönlichkeit zu.

Unser Hauptmann, glaube ich, war gerne Hauptmann. Diese Einberufungen immer wieder kamen ihm nicht ungelegen. In der Volksschule hatte er Sieben-bis-Zwölfjährige unter sich, Kinder also. Wenn er mit gespreizten Stiefeln vor uns stand — und da er eine motorisierte Batterie befehligte, war es keine Reitpeitsche, womit er sich an den hohen Schaft seines rechten Stiefels klopfte, sondern irgendein Zweig — hier waren es Männer und nicht nur eine Schulstube voll. Vermutlich machte es diese Offiziers-Uniform, daß er eine Reitgerte vermißte. Es ist ja nicht nur der bessere Stoff, was unsere Offiziere sozusagen spürbar unterscheidet von der Mannschaft, sondern vor allem der Schnitt der Hosen; das Fußvolk trägt Röhrenhosen, die nicht nur häßlich sind, sondern unpraktisch, der Offizier erscheint dagegen als Reiter, auch wenn er auf einem Jeep kommt. Das macht der Schnitt der Hosen, der hohe Schaft ihrer Stiefel. Daher das begreifliche Spiel mit dem Zweig als Gerte; es wirkte ganz natürlich. Wir wünschten uns keinen andern Hauptmann; er hatte Schneid und unser Gehorsam machte ihn fröhlich. Wenn man weiß, wie weit ein Hauptmann nicht erst im Ernstfall über uns verfügt, wie weit ein Hauptmann den militärischen Alltag seiner Einheit bestimmt, das militärische Klima in einem Dorf, wo er der Höchste ist, so war unser Hauptmann ein Glücksfall; das empfand man, wenn er mit gespreizten Stiefeln vor uns stand und mit einem Zweig an den hohen Schaft seiner Stiefel klopfte, bis hundertzwanzig Männer sich ausgerichtet hatten, oder wenn er einen Kanonier anredete wie ein Demokrat, burschikos oder väterlich je nach Fall, umso unbefangener in seiner Huld, je simpler der angeredete Soldat oder Korporal. Ein Typ, der auch zoten konnte, war er zu Recht überzeugt davon, daß er bei seiner Mannschaft beliebt war. Das Spiel mit dem Zweig als Gerte, das uns anzeigte, daß er guter Dinge war, machte er natürlich nicht immer. Wohin mit den Händen, ein Problem für Offiziere, nicht für uns; wenn nichts anderes befohlen war, so konnten wir die Hände in die Hosentaschen stecken, was sich für einen Befehlshaber kaum schickte, auch nicht, wenn er warten mußte, bis er den nächsten Befehl geben konnte. Die andere Haltung, Daumen in den Gürtel gehakt und Ellbogen wie Henkel an einem Topf, war üblicher; sie konnte ebenso Gelassenheit wie Ungeduld bedeuten, eignete sich für eine Plauderpause mit der Mannschaft, aber ohne Veränderung auch für die nächste Befehlsausgabe. Sie wirkte seriöser als das Spiel mit dem Zweig;

deswegen klopfte unser Hauptmann auch nie mit einem Zweig an den hohen Schaft seiner Stiefel, wenn ein Major in Sicht war. Das verstanden wir. Das Spiel mit dem Zweig als Reitgerte wirkte vergleichsweise fröhlich, dabei nicht unschneidig, wie gesagt. Was konnte er sonst mit seinen Händen tun, ein Hauptmann mit Temperament. Nur bei scharfer Kälte in den Bergen und in einer Wüste mit Nebel, schickte es sich auch für Offiziere, einmal die Hände in die Hosentaschen zu stecken, sofern sie keine Handschuhe hatten. Das kam vor. Wenn dann ein Soldat, zum Beispiel um zu melden; Funkverbindung wiederhergestellt! sich strammstellte mit Händen auf der Hosennaht, waren sie mit Händen in den Hosentaschen besonders freundlich, das heißt: sachlich. Unser Hauptmann war übrigens der einzige, der je mit einem Zweig an den hohen Schaft seines rechten Stiefels klopfte. Am besten eignete sich ein Weidenzweig. Als ich ihn später, in Zivil, noch einmal traf, war er nicht mehr Volksschullehrer, sondern Personal-Chef bei der Chemischen Industrie in Basel, ein Mann, der, wie es sich im Militär gezeigt hat, mit Untergebenen umzugehen versteht.

Ich bereue nicht, daß ich beim Militär gewesen bin, aber ich würde es bereuen, wenn ich beim Militär nicht in der Mannschaft gewesen wäre; Leute meiner Schulbildung (Gymnasium, Universität, Eidgenössische Technische Hochschule) werden sonst kaum genötigt, unsere Gesellschaft einmal nicht von oben nach unten zu sehen.

Landesverräter erwartet die Todesstrafe durch Erschießen, das wußten wir. Eine Notiz in der Zeitung: Bundesrat lehnt Begnadigungsgesuch ab. Verständlicherweise ohne nähere Angaben, was der Mann getan hatte. Ich war damals auch für die Todesstrafe (— ohne mich in einem Exekutions-Peloton zu sehen) für Landesverräter. Ob wir in der Mannschaft genau unterrichtet worden sind, was zum Tatbestand des Landesverrats gehört, weiß ich nicht mehr. Man konnte es sich ungefähr denken. Verrat von militärischen Geheimnissen an eine fremde Macht, wie man es aus Spionage-Filmen etwa kennt. Hatten wir Geheimnisse? Man sollte niemand sagen, wo die Einheit zurzeit Quartier hatte; jeder Passant konnte es sehen. Was noch wäre Landesverrat? Sabotage an militärischem Material; ein unvorsichtiges Geschwätz in der Eisenbahn oder im Wirtshaus; alles was dem mutmaßlichen Feind nützt. Landesverrat übrigens ein Wort, das in der Mannschaft kaum je ausgesprochen wurde; man traute das keinem zu; ein Wort, das auch die Vorgesetzten nur sparsam brauchten. Man hörte von einer Fünften Kolonne; keine Ahnung, wer dazu gehörte. Vermutlich Leute, die nicht unsere Mundart redeten; vermutlich nicht die Emigranten, die ich im Urlaub gelegentlich traf: ein deutscher Spanienkämpfer, später bei der französischen Resistance; ein Schauspieler, der aus Dachau entkommen war; ein junger Pole, der in Frankreich gekämpft hatte und hier als Internierter in Uniform studierte; ein jüdischer Germanist, der, wie alle unter dem Verbot politischer Betätigung, in geschlossenem Kreis über Thomas Mann unterrichtete, über Karl Kraus . . . In unsrer Batterie hatten wir einen, dem wir nicht ganz trauten, Kaufmann laut Mannschaftsliste, pfiffig und fett, er handelte unter der Hand mit billigen Uhren, Feuerzeug, Männerschutzmit-

tel, Luxus-Seife, Pomade usw. und lobte Adolf
Hitler. Er wurde nie deswegen verprügelt. Man
hatte den Eindruck, er redete so, weil er unbeliebt
war; kein Eifrer, er wollte uns nur anöden.
Die Deutschen hätten mehr Butter als
wir. Wenn man ihn einmal zur Rede stellte,
wich er aus. Irgendwie kam er immer zu Schokolade;
er verteilte davon, sofern jemand ihm
zuhörte. Die Hitler-Siege gaben ihm keine
Aura, sie machten ihn nur unverhohlen. Er
grinste. Die Vorgesetzten kümmerten sich nicht
um ihn; wenn in seinem Gewehrlauf kein Rost
zu sehen war, so schritten sie zum Nächsten,
gewissenhaft von Gewehrlauf zu Gewehrlauf.
In der Nacht, als der deutsche Überfall erwartet
wurde, kam er auf Bunker-Wache; der
Feldweibel bestimmte wie üblich, wer an der
Reihe war nach seinem Kalender, und dagegen
war nichts zu machen. Ein Fall von Landesverrat
wurde erst nach Kriegsende entdeckt:
ein Telefon-Soldat, ein besonders Kleiner und
ein Lustiger, dem es beim Militär eigentlich
gefiel, hatte als Installateur in der Festung Sargans
gearbeitet und bei dieser Gelegenheit
einen Lichtpausdruck an einen deutschen
Spion verkauft, Grundriß eines Mannschafts-

raumes im Fels, so hieß es, für 200 Franken. Die Todesstrafe, die bekanntlich die Einheit zu vollstrecken gehabt hätte, wurde nicht mehr verhängt — das blieb uns erspart: der Großrichter auf dem Platz, Bekanntgabe des Urteils, das von uns nicht zu prüfen ist, der kleine Sch. an einer Buche, die Binde vor den Augen, ein Feldprediger, der etwas zu ihm sagt, unser Hauptmann, der einem Leutnant den Befehl gibt, der Leutnant, der uns den Befehl gibt, Zielen auf Herz (der Gürtel des Verurteilten wird höher geschnallt, damit die Kameraden besser abschätzen können, wo das Herz ist), Zielen auf Mund...

»Bei der Exekution ist den Verurteilten der Beistand eines Geistlichen beigegeben. Das Erscheinen auf der Richtstätte und der Vollzug sind so geordnet, daß sich die Exekution in ganz wenigen Minuten abwickelt. Die dazu kommandierte Mannschaft sieht den Verurteilten nur während des Augenblicks der Schußabgabe. Das dafür nötige Detachement wird erst unmittelbar vorher dazu befohlen. Seine Aufgabe ist, wie beim Soldaten im Feld, die Vernichtung des Feindes. Des Soldaten unwürdige Maßnahmen, wie Beizug von Freiwilligen, nur teilweise Dosierung mit scharfer Munition, gibt es nicht. Die Anwesenheit jedes nicht pflichtgemäßen Teilnehmers ist ausgeschlossen. Sämtliche Exekutionen erfolgten ohne den geringsten Zwischenfall.« Oberstbrigadier Jakob Eugster, Armeeauditor während des letzten Aktivdienstes, in einem Artikel 1945. (Schweizer Illustrierte)

Es fanden damals 17 Exekutionen statt. Die Akten sind noch heute nicht ohne weiteres zugänglich. Immerhin weiß man, daß Landesverräter vorallem in den unteren und untersten Dienstgraden gefunden worden sind. Zum Beispiel ein Fourier, von einem andern Fourier gefragt, ob die Sprengobjekte geladen sind, hat sein Wissen mitgeteilt, ohne zu wissen, daß der Frager es an die deutsche Spionage weitergibt; ferner hat er dem andern Fourier nicht verschwiegen, wie der Sprengstoff zusammengesetzt ist. Der Armee-Auditor forderte

Todesstrafe für beide Fouriere; sie wurde vollstreckt. Ein militärischer Experte, Bau-Ingenieur von Beruf, sagte dazu: Ein Armee-Depot, von dem übrigens jedes Kind Kenntnis habe, das Chlorat ist zusammengesetzt aus 90% Kalium oder Natriumchlorat und 10% Paraffin, jeder Mineur sollte diese Zusammensetzung wissen, an der Instruktion wird das mitgeteilt, das gehört zur Waffenlehre und Sprengstoffkenntnis. Ob soviel Chemie für die deutsche Wehrmacht damals ein Geheimnis war, weiß ich nicht. Landesverrat auf höherer Ebene, wo größere Geheimnisse denkbar sind, Landesverrat in Verbindung mit Handel und Industrie, in Verbindung mit Kapital und Diplomatie scheint es nicht gegeben zu haben; jedenfalls kam es da zu keiner einzigen Exekution.

Eine Zeit lang bewachten wir Brücken am Gotthard; die nächtlichen Güterzüge: Kohle von Hitler für Mussolini. Der Verdacht, es könnten in den dunklen Wagen auch einmal Waffen oder Truppen sein, kam uns in sechs

Jahren nicht eine Sekunde lang. Unser Karabiner war geladen, und wenn es irgendwo raschelte, so wurde entsichert: Halt, wer da! Es gab keinen Feind, der diese Brücke sprengen wollte, allenfalls kam ein kühner Leutnant, der unsere Wachsamkeit auf die Probe stellen wollte, sich aber rechtzeitig zu erkennen gab; meistens nur ein Tier, und danach war es wieder still, Mondglanz auf dem nassen Gleis. Stille, bis der nächste Güterzug vorüberrollte, Mondglanz auf der Kohle.

Was wußte unser Major? unser Brigade-Kommandant? während sie uns im Gelände besichtigten. Wußten sie damals schon, was uns erst der Bericht von Professor Edgar Bonjour (GESCHICHTE DER SCHWEIZERISCHEN NEUTRALITÄT, Band IV, 1939 bis 1945, erschienen 1970 bei Helbling & Lichtenhahn, Basel) mit viel Takt eröffnet? Da war dieser Bundesrat Pilet Golaz, seine Rede vom 25. 6. 1940 keine einmalige Entgleisung: ein Laval in spe. Da war ein Minister Frölicher: als Hitler-Fan schweizerischer Gesandter in Berlin.

Da war Oberst Gustav Däniker sen., der als fachmännischer Bewundrer des deutschen Militarismus und der ersten Hitler-Siege für ein kampfloses Einvernehmen mit dem Dritten Reich eintrat, ein Landesverteidiger von Beruf, kämpfend für einen »Volksstaat soldatischer Prägung«; in einer Denkschrift 1941 gibt er der Schweiz von vornherein die Schuld für den Fall, daß Adolf Hitler nicht mehr länger zuschauen kann. Er wurde später, 1942, seines militärischen Kommandos enthoben, was Oberstkorpskommandant Wille energisch mißbilligte, und er selbst: Oberstkorpskommandant Wille, der den deutschen Botschafter Köcher unter vier Augen ermunterte, General Guisan wegen seiner Kontakte zum französischen Generalstab unter deutschem Druck unhaltbar zu machen, und der nach der Niederlage Frankreichs sofort und energisch für die Demobilisation der schweizerischen Armee plädierte, da jetzt keinerlei Gefahr mehr bestehe und unsere Wehrbereitschaft nur dazu angetan sei, Adolf Hitler zu reizen. Die Demobilisation hätte zur Entlassung von General Guisan geführt, der nicht hitlerfreundlich war, und den Posten des Generals freigemacht für Ulrich Wille II —

Wachtlokal: — da liegen sie schnarchend in Fötus-Haltung mit Nagelschuhen. Ich sage: Du, Müller, es wird Zeit. Das nützt nichts, er dreht sich bloß auf die andere Seite; kein Interesse für die Zeit. Besser ist ein währschafter Tritt gegen die Sohlen des schnarchenden Wehrmanns; da trifft man sein Gewissen, das flucht. Ich brauche ihm nicht einmal die Hand zu reichen, das schlechte Gewissen stellt ihn auf oder das gute Gewissen: Der Dolf dadraußen, jaja, der will ja auch schlafen. Es dauert eine Weile, bis er mit allem, was das Vaterland zur Verfügung stellt, bewaffnet ist; dabei hat er noch immer den wässerigen Blick eines Säuglings. Warum ich denn nicht schlafe, will er wissen. Ich bin froh: zwei Stunden lang allein und wach, ohne zu lesen oder zu denken oder zu zeichnen. Der Wachtmeister, der eigentlich die Leute wecken müßte, schläft ebenfalls wie ein bewaffneter Fötus. Es ist vier Uhr. Also los, Karabiner umgehängt und los. Der andere, den ich in unseren warmen Mief zurückbringe, hat gar nichts zu melden, er kommt nicht einmal aus einem Traum und ist nicht entsetzt, nur muff, weil wir ihn fünf Minuten zu spät abgelöst haben. Dabei hat einer dadraußen fast das ganze Firmament über sich. Er haut seinen Karabiner ins Gestell, später beißt er in einen Apfel, und ich hindere ihn nicht, dabei zu schweigen, während der Wachtmeister auf dankbare Weise schnarcht. Ich bin wach, ich bin es freiwillig. Ich bewache die Petrol-Lampe. Nachdem er seinen Apfel gegessen hat, legt er sich ebenso wortlos hin; er hat Anrecht auf Schlaf. Ich beneide ihn nicht. Sein Schlaf, der bald über ihn gekommen ist, wirkt immer noch dienstlich. Ich bin dankbar, daß ich so wach bin, müde schon auch, aber einfach wach. Wofür? So wach — ohne Wissen ...

Einmal daran gewöhnt, daß das Militär nicht wissen will, was wir denken, sagte man es auch seinem Nebenmann nicht, was man denkt, und er sagte es auch nicht. Einer war religiös im strengen Sinn; ich wußte es erst, nachdem ich ihn einmal überrascht hatte bei seinem täglichen Gebet abseits. Ob er geschossen hätte? Darüber redete er nicht mit Kameraden. Nur beim Militär bin ich so lang mit Menschen zusammen gewesen, ohne sie kennenzulernen.

Eine Eisenbahnbrücke, die wir bewacht haben, erinnert mich an die Tatsache, daß wir sie bewacht haben. Nichts weiter. In einer Ortschaft, wo wir Monate lang einquartiert gewesen sind, bemerke ich, was sich in dieser Ortschaft verändert hat im Lauf der Jahrzehnte, ich sage nicht einmal zu mir: Hier habe ich Wache gestanden, hier die Unterkunft, dort der Geschützpark. Mein Gedächtnis läßt mich in Ruhe. Eine historische Tankfalle im Gelände, ein Zaun mit Stacheldraht um ein verborgenes Militär-Magazin im Wald, die Sprengstoffkammer im Pfeiler einer alten Brücke im Tessin, eine Militär-Flugpiste und die Hangare, die man nicht erkennen soll, alldas sehe ich. Selbstverständlich sehe ich jede Kaserne, die Vorrichtungen für Hindernislauf und Militär-Fahrzeuge mit Tarnfarbe; ferner entgeht mir keine Kolonne von Rekruten am Straßenrand, kaum eine Uniform im Gedränge auf einem Bahnsteig. (Sogar in der Bretagne, wenn wir Strand suchen, entgeht mir kaum eine Bunkerruine, die durchlöcherte und verrostete Panzerkuppel mit Aussicht auf den kleinen Hafen; hier bin ich nicht dabei gewesen, denke ich dankbar.) Ich übersehe nicht die Offiziershüte in der Garderobe eines erstklassigen Restaurants, einen davon mit Goldlaub, ich weiß ungefähr, was das bedeutet — aber eigentlich sind es nicht die militärischen Objekte oder Kostüme, die meine Erinnerung an die Armee auslösen; eher sind es bestimmte Gesichter, die Denkart eines Bundesanwaltes oder die Stimmen von einem Stammtisch herüber; der Ton eines unteren Beamten, den ich nie als Feldweibel gesehen habe; die Ansprache bei einem Schwingerfest; die zivile Allüre eines Industriellen (Zement-Trust) in einer Sitzung mit dem Stadtrat; die Art, wie ein Bahnhofsvorstand eine Gruppe türkischer Gastarbeiter befehligt; ein Polizist, wenn man tatsächlich ein Parkverbot übersehen hat; die Leserzuschriften in bürgerlichen Zeitungen; ein Lehrer mit seiner Klasse auf der Schulreise; der eine und andere Biedermann am Schweizer Fernsehen, den ich nie als Feldprediger gesehen habe; der Name eines Kunstsammlers und Großkaufmanns in Zürich, der mich, in contumatiam, als Landesverräter bezeichnet ...

Bedürfnis nach Zugehörigkeit, ich bin hier und nicht anderswo geboren, das naive Gefühl von Zugehörigkeit und später das Bewußtsein von Zugehörigkeit, ein kritisches Bewußtsein, das die Zugehörigkeit keineswegs aufhebt.

Ich weiß nicht, wie es andern beim Militär ergangen ist, wie es ihnen heute ergeht, wenn sie sich erinnern. Es gab eine Angst, die ich nie ausgesprochen habe, auch nicht unter vier Augen: die Angst vor einem kläglichen Zusammenbruch dieser Armee. Sie war nicht von Anfang an vorhanden, diese heimliche Angst, nicht am 2. 9. 1939. Sie entstand aus einer Summe kleiner und wiederholter Erfahrungen, denen eine andere Erfahrung nicht entgegenzusetzen war — nur der blinde Glaube — und es war eine Angst um alle, die diese Angst (so wenigstens schien es) nicht einen Augenblick lang hatten.

Die ersten Amerikaner waren eingetroffen, sie lehnten sich an den Schlagbaum, Helm am Gürtel. Sie winkten, man solle kommen. Ich stand aber auf Posten, Mai 1945, Helm auf und Karabiner im Arm, unabkömmlich. Wer immer die Neutralität unseres Landes und so fort. Dann lehnten sie sich mit dem Rücken an den Schlagbaum, Ärmel heraufgekrempelt, Ellbogen auf dem Schlagbaum, Blick nach Italien, rauchend. Das war an der Grenze im Münstertal. Ein amerikanischer Offizier stieg aus einem Jeep, die Leute rissen sich nicht in soldatische Pose, als er zu ihnen redete. Sie standen da, sie redeten ebenfalls. Offensichtlich war es ihnen klar, daß hier die Schweiz beginnt; sie blieben auf der andern Seite des Schlagbaums. Erst als unsere Wachtablösung endlich kam, schauten sie wieder in die Schweiz hinüber; wir zeigten ihnen, wie man das macht, Gewehr schultern und so fort, Vorsprechen des Wachtbefehls, Nachsprechen des Wachtbefehls. Einer rief: Heil Hitler! Später durfte man an den Schlagbaum gehen, Mütze auf dem Kopf. Die Sieger ohne Mütze, denn es war ein warmer Tag. Ihre Kleidung kannten wir schon von Fotos, trotzdem war sie verblüffend: eine durchaus zweckdienliche Kleidung. Als ein Major vorfuhr, ein schweizerischer, schien er keinen Wert darauf zu legen, daß wir stramm stehen; es genügte, daß wir uns etwas zurückzogen. Begrüßung auf höherer Ebene; nur fehlte auf der andern Seite der entsprechende Offizier. Die Soldaten, die von Sizilien herauf gekommen waren, lehnten sich nachwievor auf den Schlagbaum, während der schweizerische Major mit ihnen redete. Eine kurze Unterhaltung; der Major war es nicht gewohnt, so wenig Aufsehen zu bewirken, sie rauchten. Zum Schluß gab er einigen die Hand, den drei nächsten, ein Herr, der beim Richtfest auch den Arbeitern plötzlich die Hand gibt. Sein Fahrer hielt die Wagentüre, unsere Wache schulterte das Gewehr, wie nicht anders erwartet, und wir, im Augenblick dienstfrei, erhoben uns ebenfalls von der Böschung, um stramm zu stehen.

Das alles ist lang her. Ich bin als Vater nie befragt worden, wie es damals gewesen sei. Was man als schweizerischer Wehrmann erlebt hat, scheint über die Anekdote nicht hinauszugehen; keine Wendung in unsern Lebensläufen, keine Gewissenslast. Es hat sich denn auch kaum eine Literatur daraus ergeben. Ein Leid wie in andern Ländern blieb uns erspart. Partisanen hatten wir nicht, Schuld auch nicht. Was nach und nach ans Licht gekommen ist, das eine oder andere Vorkommnis, dessen rechtzeitige Kenntnis die damalige Zensur uns erspart hat, allerlei Verratsbereitschaft vorallem in den gesellschaftlichen Gruppen, die von Verantwortungsbewußtsein sprechen heute wie damals, drängt nicht zur Erstellung eines Denkmals; so viel Ungeheuerlichkeit ist damals geschehen außerhalb unsrer Grenzen, daß wir uns kaum mit uns selber befassen müssen. Was ist ein Herr Rothmund (so darf man mit Recht sagen) verglichen mit einem Himmler? Kein Thema. Wir blieben verschont, wir sind dankbar dafür, und die Meinung, daß unser Militär sich bewährt habe, ist unerschüttert —

Die hauptsächliche Erinnerung ist nicht die Erinnerung an Leere. Ich muß mich berichtigen. Die hauptsächliche Erinnerung: wie die Uniform uns das Gewissen abnimmt, ohne daß jemand es als Gewissen übernimmt.

Was müßte befohlen werden, damit die Mannschaft sich als Mannschaft weigert? Der offenbare Unsinn genügt nicht. Wo würde bei dem Grad von Entmündigung, die das Militär in uns erzielt, Gewissen einsetzen? Ich vermute: je größer die Gruppe, umso später; es überträgt sich schon nicht auf dreißig Leute. Die Angst der Vorgesetzten vor der legendären Figur, die sie Rädelsführer nennen, ist verständlich; ihr Mißtrauen beginnt schon, wenn einer bei den andern so etwas wie persönlichen Kredit hat. Denn der könnte Gewissen auslösen. Daher diese Vorsorge schon im militärischen Alltag: Sprechen nur gestattet, wenn es der Befehlshaber gestattet, und der weiß, wann es ungünstig wäre für ihn. Auch das mußte wieder und wieder und immer wieder geübt werden: Marsch ohne Sprechen. Wer hat da geredet? Es kommt nicht drauf an, was da einer in der Kolonne gesagt hat, etwas Belangloses, zum Beispiel: Schade um diesen Durst. Das Verbot hat schon seinen Zweck; keine Kommunikation innerhalb der Mannschaft während des Dienstes. Kameraden können wir nachher sein, wenn nichts mehr zu verweigern ist; dann wäre Singen sogar er-

wünscht: LA BIONDA, LA BELLA BION-
DA, Mannschaftsgeist.

Wenn ich nicht will, so brauche ich mich nicht
zu erinnern. Warum will ich? Zeugen sterben
langsam aus. Warum erinnere ich mich ungern?
Ich sehe: Ich war ziemlich feige; ich
wollte nicht sehen, was Tag für Tag zu sehen
war.

Der Bankier als Oberstleutnant, sein Prokurist
mindestens als Hauptmann, der Inhaber mehrerer
Hotels als Major, der Vorsitzende eines
Konzerns als Oberst, der Fabrikant als Major,
ein starker Mann auf dem Liegenschaftenmarkt
oder ein Hochschullehrer, der die Industrie
forschend bedient, oder der Besitzer eines
Zeitungsverlages, der Besitzer eines führenden
Bauunternehmens, ein Verwaltungsrat hier
und dort, der Besitzer eines führenden Werbe-
Büros, der Präsident eines wirtschaftlichen Interessen-Verbandes
usw. als Oberstleutnant,

mindestens als Major; ihre Söhne vorläufig als Leutnants: eine Armee der Vaterland-Besitzer, die sich Unsere Armee nennt. Sie hat in diesem Jahrhundert selten geschossen; zum Glück. Wenn sie aber geschossen hat, dann auf streikende Arbeiter (Generalstreik 1918) und auf demonstrierende Arbeiter (Genf 1932, anläßlich einer sozialdemokratischen Demonstration gegen schweizerische Faschisten gibt es 13 Tote durch Einsatz von Rekruten mit sechswöchigerAusbildung).

Ich habe im Dienstbüchlein nachgesehen, es bestätigt das Gedächtnis: 161388, die Nummer meines Karabiners vor dreißig Jahren. Wo versagt das Gedächtnis? Sobald ich zusammensetzen will: diese Unbesorgtheit zum Beispiel, kaum vorstellbar bei einer erwachsenen Person, Rettung in den eigenen Alltag, ein Zeitgenosse, der auf seinem Fahrrad pfeift, zufrieden mit der Annehmlichkeit des Augenblicks, oder er pfeift nicht, im Augenblick bedrängt von einer Liebesgeschichte, hin und wieder auch Bomben versehentlich auf schweizerisches Territorium, Tote in Schaffhausen, Offenbarungen auf der Bühne und nach der Offenbarung, wenn man aus dem Schauspielhaus kommt, wieder der alte Zeitungsverkäufer mit Schlagzeilen: ein Schlachtschiff versenkt, Attentat auf Hitler mißglückt, eine Armee eingekesselt usw., man wußte: 's ist leider Krieg, 's ist leider Krieg, und im kleinen Vorgarten findet sich solches Glitzerzeug, das die Bombergeschwader ausstreuen gegen feindliche Funkmessung; Freundschaft mit Emigranten, drei fleischlose Tage in der Woche usw., man erinnert sich an Punkte: — keine Ahnung, wie sie sich damals zu einer Gegenwart zusammengesetzt haben.

Einmal, 1943, besuchte uns General Guisan. Ich hatte ihn schon vor seiner Wahl zum General gesehen bei einem Vortrag in der Eidgenössischen Technischen Hochschule. Jetzt stand er im Schnee: etwas kleiner, als man nach dem bekannten Brustbild vermutete. Wir waren bewegt. Keine Parade; er kam, um unsere Ski-Ausbildung zu sehen. Oberhalb von

Samedan. Er trug eine Schneebrille. Wir mußten warten am Hang, bereit zum Start. Es dauerte ziemlich lang, aber wir blieben bewegt; er war es wirklich, Unser General, dessen Brustbild in allen Wirtsstuben hing und in Ämtern. Ein kalter Wintertag mit Sonne. Jeder von uns hatte an dem Mann, der damals schon zur Schweizergeschichte gehörte, vorbeizufahren mit Stemmbogen, kein Kunststück bei gutem Schnee, und der Schnee war gut.

Ich wagte nicht zu denken, was denkbar ist. Gehorsam aus Stumpfsinn, aber auch Gehorsam aus Glauben an eine Eidgenossenschaft. Ich wollte ja als Kanonier, wenn's losgeht, nicht draufgehen ohne Glauben. Ich wollte nicht wissen, sondern glauben. So war das, glaube ich.

Oktober 1973

Zeittafel

- 1911 geboren in Zürich am 15. Mai als Sohn eines Architekten
- 1924–1930 Realgymnasium in Zürich
- 1931–1933 Studium der Germanistik in Zürich, abgebrochen, freier Journalist
  Balkan-Reise
- 1934 *Jürg Reinhart*
- 1936–1941 Studium der Architektur an der ETH in Zürich. Diplom
- 1938 Conrad Ferdinand Meyer-Preis
- 1939–1945 Militärdienst als Kanonier
- 1940 *Blätter aus dem Brotsack*
- 1942 Architekturbüro in Zürich
- 1943 *J'adore ce qui me brûle oder Die Schwierigen*
- 1945 *Bin oder Die Reise nach Peking*
  Nun singen sie wieder
- 1946 Reise nach Deutschland, Italien, Frankreich
- 1947 *Tagebuch mit Marion*
  Die Chinesische Mauer
- 1948 Reisen nach Prag, Berlin, Warschau
  Kontakt mit Bertolt Brecht in Zürich
- 1949 *Als der Krieg zu Ende war*
- 1950 *Tagebuch 1946–1949*
- 1951 *Graf Öderland*
  Rockefeller Grant for Drama
- 1952 Einjähriger Aufenthalt in den USA, Mexiko
- 1953 *Don Juan oder Die Liebe zur Geometrie*
- 1954 *Stiller*
  Auflösung des Architekturbüros, freier Schriftsteller
- 1955 Wilhelm Raabe-Preis der Stadt Braunschweig
  Pamphlet *achtung: die schweiz*
- 1956 Reise nach den USA, Mexiko, Kuba
- 1957 *Homo faber*
  Reise in die arabischen Staaten
- 1958 *Biedermann und die Brandstifter*
  Die große Wut des Philipp Hotz
  Georg Büchner-Preis
  Literaturpreis der Stadt Zürich
- 1960–1965 Wohnsitz in Rom
- 1961 *Andorra*

1962 Dr. h. c. der Philipps-Universität Marburg
1963 Literaturpreis von Nordrhein-Westfalen
1964 *Mein Name sei Gantenbein*
1965 Preis der Stadt Jerusalem
       Reise nach Israel
       Schiller-Preis des Landes Baden-Württemberg
       Wohnsitz im Tessin, Schweiz
1966 Erste Reise in die UdSSR, Polen
1967 *Biografie: Ein Spiel*
1968 Zweite Reise in die UdSSR
       Öffentlichkeit als Partner
       Politische Publizistik in Zürich
1969 *Dramaturgisches*
       Aufenthalt in Japan
1970 Aufenthalt in den USA
1971 *Wilhelm Tell für die Schule*
       Aufenthalt in den USA
1972 *Tagebuch 1966–1971*
1974 *Dienstbüchlein*
       Großer Schillerpreis der Schweizerischen
       Schillerstiftung
1975 *Montauk*
1976 *Gesammelte Werke in zeitlicher Folge*
       Friedenspreis des Deutschen Buchhandels
       Max Frisch/Hartmut von Hentig,
       *Zwei Reden zum Friedenspreis des
       Deutschen Buchhandels 1976*
       *Wir hoffen. Rede zur Verleihung des Friedens-
       preises* (Schallplatte)
1978 *Triptychon*. Drei szenische Bilder
       Der Traum des Apothekers von Locarno.
       Erzählungen
1979 *Der Mensch erscheint im Holozän.*
       Eine Erzählung
1982 *Blaubart*. Erzählung   M. F.

Max Frisch
Sein Werk im Suhrkamp Verlag

Gesammelte Werke in zeitlicher Folge. Herausgegeben von Hans Mayer unter Mitwirkung von Walter Schmitz. Sechs Bände. Leinen
Band 1: Kleine Prosaschriften. Blätter aus dem Brotsack. Jürg Reinhart. Die Schwierigen oder J'adore ce qui me brule. Bin oder Die Reise nach Peking.
Band 2: Santa Cruz. Nun singen sie wieder. Die Chinesische Mauer. Als der Krieg zu Ende war. Kleine Prosaschriften. Tagebuch 1946–1949.
Band 3: Graf Öderland. Don Juan oder Die Liebe zur Geometrie. Kleine Prosaschriften. Der Laie und die Architektur. Achtung: Die Schweiz. Stiller. Rip van Winkle.
Band 4: Homo faber. Kleine Prosaschriften. Herr Biedermann und die Brandstifter. Biedermann und die Brandstifter. Mit einem Nachspiel. Die große Wut des Philipp Hotz. Andorra.
Band 5: Mein Name sei Gantenbein. Kleine Prosaschriften. Zürich-Transit. Biographie: Ein Spiel.
Band 6: Tagebuch 1966–1971. Wilhelm Tell für die Schule. Kleine Prosaschriften. Dienstbüchlein. Montauk.
- Werkausgabe in zwölf Bänden. Textidentisch mit der sechsbändigen Leinenausgabe. Leinenkaschiert.

Einzelausgaben:
- Andorra. BS 101 und st 277
- Ausgewählte Prosa. Mit einem Nachwort von Joachim Kaiser. es 36
- Biedermann und die Brandstifter. es 41
- Bin oder Die Reise nach Peking. BS 8
- Biographie: Ein Spiel. Engl. Broschur, BS 225 und Neue Fassung 1984: BS 873
- Blaubart. Eine Erzählung. Leinen und BS 882
- Die Chinesische Mauer. Eine Farce. es 65
- Dienstbüchlein. st 205
- Don Juan oder Die Liebe zur Geometrie. es 4
- Forderungen des Tages. Portraits, Skizzen, Reden 1943–1982. st 957
- Frühe Stücke. Santa Cruz/Nun singen sie wieder. es 154
- Graf Öderland. Ein Spiel in zehn Bildern. es 32
- Herr Biedermann und die Brandstifter. Rip van Winkle. Zwei Hörspiele. st 599
- Homo faber. Roman. Leinen, BS 87 und st 354
- Mein Name sei Gantenbein. Roman. Leinen und st 286
- Der Mensch erscheint im Holozän. Eine Erzählung. Leinen und st 734

Max Frisch
Sein Werk im Suhrkamp Verlag

- Montauk. Erzählung. Leinen, BS 581 und st 700
- Öffentlichkeit als Partner. es 209
- Stichworte. Ausgesucht von Uwe Johnson. st 1208
- Stiller. Roman. Leinen und st 105
- Stücke I / II: Santa Cruz. Nun singen sie wieder. Die Chinesische Mauer. Als der Krieg zu Ende war. Graf Öderland. Don Juan oder Die Liebe zur Geometrie. Biedermann und die Brandstifter. Die große Wut des Philipp Hotz. Andorra. st 70 und st 81
- Tagebuch 1946–1949. Leinen, BS 261 und st 1148
- Tagebuch 1966–1971. Leinen und st 256
- Der Traum des Apothekers von Locarno. Erzählungen. BS 604
- Triptychon. Drei szenische Bilder. Engl. Broschur und BS 722
- Wilhelm Tell für die Schule. Leinen und st 2

Begegnungen. Eine Festschrift für Max Frisch zum siebzigsten Geburtstag. Leinen

Fünf Orte im Leben von Max Frisch. Gesehen von Fernand Rausser

Max Frisch, Wir hoffen. Rede zum Friedenspreis des deutschen Buchhandels 1976. Schallplatte

Max Frisch/Hartmut von Hentig, Zwei Reden zum Friedenspreis des deutschen Buchhandels 1976. es 874

Materialien:
- Frischs »Andorra«. Herausgegeben von Walter Schmitz und Ernst Wendt. st 2053
- Materialien zu Max Frischs »Andorra«. Herausgegeben von Ernst Wendt und Walter Schmitz. es 653
- Materialien zu Max Frischs »Biedermann und die Brandstifter«. Herausgegeben von Walter Schmitz. st 503
- Frischs »Don Juan oder Die Liebe zur Geometrie«. Herausgegeben von Walter Schmitz. st 2046
- Frischs »Homo faber«. Herausgegeben von Walter Schmitz. st 2028
- Materialien zu Max Frisch »Stiller«. Herausgegeben von Walter Schmitz. Zwei Bände. st 419
- Über Max Frisch. es 404
- Über Max Frisch II. Mit einer neuen 82seitigen Bibliographie der Primär- und Sekundärliteratur. Herausgegeben von Walter Schmitz. es 852

Alphabetisches Gesamtverzeichnis der suhrkamp taschenbücher

Abe: Die vierte Zwischeneiszeit 756
Achternbusch: Alexanderschlacht 61
– Der Depp 898
– Das letzte Loch 803
– Der Neger Erwin 682
– Servus Bayern 937
– Die Stunde des Todes 449
Rut Achternbusch: Der Herzkasperl 906
Adorno: Erziehung zur Mündigkeit 11
– Studien zum autoritären Charakter 107
– Versuch, das ›Endspiel‹ zu verstehen 72
– Versuch über Wagner 177
– Zur Dialektik des Engagements 134
Aitmatow: Der weiße Dampfer 51
Alain: Die Pflicht, glücklich zu sein 859
Aldis: Der unmögliche Stern 834
Alegría: Die hungrigen Hunde 447
Alewyn: Probleme und Gestalten 845
Alsheimer: Eine Reise nach Vietnam 628
– Vietnamesische Lehrjahre 73
Alter als Stigma 468
Anders: Erzählungen. Fröhliche Philosophie 432
Ansprüche. Verständigungstexte von Frauen 887
Arendt: Die verborgene Tradition 303
Arguedas: Die tiefen Flüsse 588

Artmann: How much, schatzi? 136
– Lilienweißer Brief 498
– The Best of H. C. Artmann 275
– Unter der Bedeckung eines Hutes 337
Augustin: Raumlicht 660
Babits: Der Storchkalif 976
Bachmann: Malina 641
Bahlow: Deutsches Namenlexikon 65
Balint: Fünf Minuten pro Patient 446
Ball: Hermann Hesse 385
Ballard: Der ewige Tag 727
– Die Tausend Träume 833
– Kristallwelt 818
– Billennium 896
– Der tote Astronaut 940
– Das Katastrophengebiet 924
Barnet: Der Cimarrón 346
– Das Lied der Rachel 966
Beach: Shakespeare and Company 823
Becher: Martin Roda, An den Grenzen des Staunens 915
Becker, Jürgen: Die Abwesenden 882
– Gedichte 690
Becker, Jurek: Irreführung der Behörden 271
– Der Boxer 526
– Jakob der Lügner 774
– Nach der ersten Zukunft 941
– Schlaflose Tage 626
Becker/Nedelmann: Psychoanalyse und Politik 967
Beckett: Das letzte Band (dreisprachig) 200

- Der Namenlose 546
- Endspiel (dreisprachig) 171
- Glückliche Tage (dreisprachig) 248
- Malone stirbt 407
- Mercier und Camier 943
- Molloy 229
- Warten auf Godot (dreisprachig) 1
- Watt 46

Behrens: Die weiße Frau 655
Beig: Raben krächzen 911
Beißner: Der Erzähler F. Kafka 516
Bell: Virginia Woolf 753
Benjamin: Deutsche Menschen 970
- Illuminationen 345
- Über Haschisch 21

Zur Aktualität Walter Benjamins 150
Beradt: Das dritte Reich des Traums 697
Bernhard: Das Kalkwerk 128
- Der Kulterer 306
- Frost 47
- Gehen 5
- Salzburger Stücke 257

Bertaux: Hölderlin 686
- Mutation der Menschheit 555

Beti: Perpétue und die Gewöhnung ans Unglück 677
Bienek: Bakunin: eine Invention 775
Bierce: Das Spukhaus 365
Bioy Casares: Fluchtplan 378
- Die fremde Dienerin 962
- Morels Erfindung 939
- Schlaf in der Sonne 691
- Tagebuch des Schweinekriegs 469

Blackwood: Besuch von Drüben 411
- Das leere Haus 30
- Der Griff aus dem Dunkel 518
- Der Tanz in den Tod 848

Blatter: Zunehmendes Heimweh 649
- Schaltfehler 743
- Love me tender 883

Böni: Ein Wanderer im Alpenregen 671
Bohrer: Ein bißchen Lust am Untergang 745
Bonaparte: Edgar Poe: 3 Bde. 592
Brandão: Null 777
Brasch: Kargo 541
- Der schöne 27. September 903

Bratny: Die Hunde 877
Braun: J. u. G., Conviva Ludibundus 748
- Der Fehlfaktor 687
- Der Irrtum des Großen Zauberers 807
- Unheimliche Erscheinungsformen auf Omega XI 646
- Das kugeltranszendentale Vorhaben 948
- Der Utofant 881
- Der unhandliche Philosoph 870
- Die unhörbaren Töne 983

Braun: Das ungezwungene Leben Kasts 546
- Gedichte 499
- Stücke 1 198
- Stücke 2 680

Brecht: Frühe Stücke 201
- Gedichte 251
- Gedichte für Städtebewohner 640
- Geschichten von Herrn Keuner 16
- Schriften zur Gesellschaft 199

Brecht in Augsburg 297

Bertolt Brechts Dreigroschenbuch 87
Brentano: Berliner Novellen 568
– Theodor Chindler 892
Broch, Hermann: Werkausgabe in 17 Bdn.:
– Briefe I 710
– Briefe II 711
– Briefe III 712
– Dramen 538
– Gedichte 572
– Massenwahntheorie 502
– Novellen 621
– Philosophische Schriften 2 Bde. 375
– Politische Schriften 445
– Schlafwandler 472
– Schriften zur Literatur 1 246
– Schriften zur Literatur 2 247
– Die Schuldlosen 209
– Der Tod des Vergil 296
– Die Unbekannte Größe 393
– Die Verzauberung 350
Brod: Tycho Brahes Weg zu Gott 490
Broszat: 200 Jahre deutsche Polenpolitik 74
Buch: Jammerschoner 815
Budgen: James Joyce u. d. Entstehung d. Ulysses 752
Büßerinnen aus dem Gnadenkloster, 632
Bulwer-Lytton: Das kommende Geschlecht 609
Campbell: Der Heros in tausend Gestalten 424
Carossa: Ungleiche Welten 521
– Der Arzt Gion 821
Über Hans Carossa 497
Carpentier: Die verlorenen Spuren 808
– Explosion in der Kathedrale 370
– Krieg der Zeit 552

Celan: Atemwende 850
Chalfen: Paul Celan 913
Chomsky: Indochina und die amerikanische Krise 32
– Kambodscha Laos Nordvietnam 103
Cioran: Die verfehlte Schöpfung 550
– Vom Nachteil geboren zu sein 549
– Syllogismen der Bitterkeit 607
Cisek: Der Strom ohne Ende 724
Claes: Flachskopf 524
Cortázar: Album für Manuel 936
– Bestiarium 543
– Das Feuer aller Feuer 298
– Die geheimen Waffen 672
– Ende des Spiels 373
Dahrendorf: Die neue Freiheit 623
– Lebenschancen 559
Das sollten Sie lesen 852
Degner: Graugrün und Kastanienbraun 529
Dick: LSD-Astronauten 732
– Mozart für Marsianer 773
– UBIK 440
Die Serapionsbrüder von Petrograd 844
Döblin: Materialien zu »Alexanderplatz« 268
Dolto: Der Fall Dominique 140
Dorst: Dorothea Merz 511
– Stücke I 437
– Stücke 2 438
Dorst/Fallada: Kleiner Mann – was nun? 127
Dort wo man Bücher verbrennt 905
Duke: Akupunktur 180
Duras: Hiroshima mon amour 112

Ehrenberg/Fuchs: Sozialstaat und Freiheit 733
Ehrenburg: Das bewegte Leben des Lasik Roitschwantz 307
– 13 Pfeifen 405
Eich: Ein Lesebuch 696
– Fünfzehn Hörspiele 120
Eliade: Bei den Zigeunerinnen 615
Eliot: Die Dramen 191
Ellmann: James Joyce: 2 Bde. 473
Enzensberger: Gedichte 1955-1970 4
– Der kurze Sommer der Anarchie 395
– Der Untergang der Titanic 681
– Museum der modernen Poesie: 2 Bde. 476
– Politik und Verbrechen 442
Enzensberger (Hg.): Freisprüche. Revolutionäre vor Gericht 111
Eppendorfer: Der Ledermann spricht mit Hubert Fichte 580
Erbes: Die blauen Hunde 825
Erikson: Lebensgeschichte und hist. Augenblick 824
Eschenburg: Über Autorität 178
Ewen: Bertolt Brecht 141
Fanon: Die Verdammten dieser Erde 668
Federspiel: Paratuga kehrt zurück 843
– Der Mann, der Glück brachte 891
– Die beste Stadt für Blinde 979
Feldenkrais: Abenteuer im Dschungel des Gehirns 663
– Bewußtheit durch Bewegung 429
Fleißer: Der Tiefseefisch 683
– Eine Zierde für den Verein 294
– Ingolstädter Stücke 403
– Abenteuer aus dem Engl. Garten 925
Frame: Wenn Eulen schreien 692
Franke: Einsteins Erben 603
– Keine Spur von Leben 741
– Paradies 3000 664
– Schule für Übermenschen 730
– Sirius Transit 535
– Tod eines Unsterblichen 772
– Transpluto 841
– Ypsilon minus 358
– Zarathustra kehrt zurück 410
– Zone Null 585
Freund: Drei Tage mit J. Joyce 929
Fries: Das nackte Mädchen auf der Straße 577
– Der Weg nach Oobliadooh 265
– Schumann, China und der Zwickauer See 768
Frijling-Schreuder: Was sind das – Kinder? 119
Frisch: Andorra 277
– Der Mensch erscheint im Holozän 734
– Dienstbüchlein 205
– Forderungen des Tages 957
– Herr Biedermann / Rip van Winkle 599
– Homo faber 354
– Mein Name sei Gantenbein 286
– Montauk 700
– Stiller 105
– Stücke 1 70
– Stücke 2 81
– Tagebuch 1966-1971 256
– Wilhelm Tell für die Schule 2
Materialien zu Frischs »Biedermann und die Brandstifter« 503
– »Stiller« 2 Bde. 419

Fromm/Suzuki/de Martino: Zen-Buddhismus und Psychoanalyse 37
Fuchs: Todesbilder in der modernen Gesellschaft 102
Fuentes: Nichts als das Leben 343
Fühmann: Bagatelle, rundum positiv 426
Gabeira: Die Guerilleros sind müde 737
Gadamer/Habermas: Das Erbe Hegels 596
Gall: Deleatur 639
Gandhi: Mein Leben 953
García Lorca: Über Dichtung und Theater 196
Gauch: Vaterspuren 767
Gespräche mit Marx und Engels 716
Gilbert: Das Rätsel Ulysses 367
Ginzburg: Ein Mann und eine Frau 816
– Caro Michele 863
– Mein Familienlexikon 912
Gorkij: Unzeitgemäße Gedanken über Kultur und Revolution 210
Goytisolo: Spanien und die Spanier 861
Grabiński: Abstellgleis 478
Griaule: Schwarze Genesis 624
Grimm/Hinck: Zwischen Satire und Utopie 839
Gulian: Mythos und Kultur 666
Gründgens' Faust 838
Habermas/Henrich: Zwei Reden 202
Handke: Als das Wünschen noch geholfen hat 208
– Begrüßung des Aufsichtsrats 654
– Chronik der laufenden Ereignisse 3
– Das Ende des Flanierens 679
– Das Gewicht der Welt 500
– Die Angst des Tormanns beim Elfmeter 27
– Die linkshändige Frau 560
– Die Stunde der wahren Empfindung 452
– Die Unvernünftigen sterben aus 168
– Der kurze Brief 172
– Falsche Bewegung 258
– Die Hornissen 416
– Ich bin ein Bewohner des Elfenbeinturms 56
– Stücke 1 43
– Stücke 2 101
– Wunschloses Unglück 146
Hart Nibbrig: Rhetorik des Schweigens 693
Heiderich: Mit geschlossenen Augen 638
Heller: Enterbter Geist 537
– Thomas Mann 243
Hellman: Eine unfertige Frau 292
v. Hentig: Die Sache und die Demokratie 245
– Magier oder Magister? 207
Hermlin: Lektüre 1960-1971 215
Herzl: Aus den Tagebüchern 374
Hesse: Aus Indien 562
– Aus Kinderzeiten. Erzählungen Bd. 1 347
– Ausgewählte Briefe 211
– Briefe an Freunde 380
– Demian 206
– Der Europäer. Erzählungen Bd. 3 384
– Der Steppenwolf 175
– Die Gedichte: 2 Bde. 381
– Die Kunst des Müßiggangs 100
– Die Märchen 291
– Die Nürnberger Reise 227

- Die Verlobung. Erzählungen Bd. 2 368
- Die Welt der Bücher 415
- Eine Literaturgeschichte in Rezensionen 252
- Gedenkblätter 963
- Gertrud 890
- Das Glasperlenspiel 79
- Innen und Außen. Erzählungen Bd. 4 413
- Italien 689
- Klein und Wagner 116
- Kleine Freuden 360
- Kurgast 383
- Legenden 909
- Lektüre für Minuten 7
- Lektüre für Minuten. Neue Folge 240
- Morgenlandfahrt 750
- Narziß und Goldmund 274
- Peter Camenzind 161
- Politik des Gewissens: 2 Bde. 656
- Roßhalde 312
- Siddhartha 182
- Unterm Rad 52
- Von Wesen und Herkunft des Glasperlenspiels 382

Materialien zu Hesses »Glasperlenspiel« 1 80
Materialien zu Hesses »Glasperlenspiel« 2 108
Materialien zu Hesses »Siddhartha« 1 129
Materialien zu Hesses »Siddhartha« 2 282
Materialien zu Hesses »Steppenwolf« 53
Über Hermann Hesse 1 331
Über Hermann Hesse 2 332
Hermann Hesse – Eine Werkgeschichte von Siegfried Unseld 143
Hermann Hesses weltweite Wirkung 386

Hildesheimer: Hörspiele 363
- Mozart 598
- Paradies der falschen Vögel 295
- Stücke 362
Hinck: Von Heine zu Brecht 481
- Germanistik als Literaturkritik 885
Hinojosa: Klail City und Umgebung 709
Hodgson: Stimme in der Nacht 749
Höllerer: Die Elephantenuhr 266
Holmqvist (Hg.): Das Buch der Nelly Sachs 398
Horváth: Der ewige Spießer 131
- Der jüngste Tag 715
- Die stille Revolution 254
- Ein Kind unserer Zeit 99
- Ein Lesebuch 742
- Geschichten aus dem Wiener Wald 835
- Jugend ohne Gott 1063
- Sladek 1052
Horváth/Schell: Geschichte aus dem Wiener Wald 595
Hrabal: Erzählungen 805
Hsia: Hesse und China 673
Hudelot: Der Lange Marsch 54
Hughes: Hurrikan im Karibischen Meer 394
Huizinga: Holländische Kultur im siebzehnten Jahrhundert 401
Innerhofer: Die großen Wörter 563
- Schattseite 542
- Schöne Tage 349
Inoue: Die Eiswand 551
- Der Stierkampf 944
James: Der Schatz des Abtes Thomas 540
Jens: Republikanische Reden 512
Johnson: Berliner Sachen 249

- Das dritte Buch über Achim 169
- Eine Reise nach Klagenfurt 235
- Zwei Ansichten 326

Joyce: Anna Livia Plurabelle 751
- Ausgewählte Briefe 253

Joyce: Stanislaus, Meines Bruders Hüter 273

Kästner: Der Hund in der Sonne 270
- Offener Brief an die Königin von Griechenland. Beschreibungen, Bewunderungen 106

Kaminski: Die Gärten des Mullay Abdallah 930

Kasack: Fälschungen 264

Kaschnitz: Der alte Garten 387
- Ein Lesebuch 647
- Steht noch dahin 57
- Zwischen Immer und Nie 425

Katharina II. in ihren Memoiren 25

Kawerin: Das doppelte Porträt 725

Kirchhoff: Einsamkeit der Haut 919

Kirde (Hg.): Das unsichtbare Auge 477

Kiss: Da wo es schön ist 914

Kleinhardt: Jedem das Seine 747

Kluge: Lebensläufe, Anwesenheitsliste für eine Beerdigung 186

Koch, Werner: Jenseits des Sees 718
- Pilatus 650
- See-Leben I 132
- Wechseljahre oder See-Leben II 412

Königstein: Schiller-Oper in Altona 832

Koeppen: Amerikafahrt 802
- Das Treibhaus 78
- Der Tod in Rom 241
- Eine unglückliche Liebe 392
- Nach Rußland und anderswohin 115
- Reisen nach Frankreich 530
- Romanisches Café 71
- Tauben im Gras 601

Koestler: Der Yogi und der Kommissar 158
- Die Nachtwandler 579
- Die Wurzeln des Zufalls 181

Kolleritsch: Die grüne Seite 323

Komm schwarzer Panther, lach noch mal 714

Komm: Der Idiot des Hauses 728
- Die fünfte Dimension 971

Konrád: Der Besucher 492

Konrád/Szelényi: Die Intelligenz auf dem Weg zur Klassenmacht 726

Korff: Kernenergie und Moraltheologie 597

Kracauer: Das Ornament der Masse 371
- Die Angestellten 13
- Kino 126

Kraus: Magie der Sprache 204

Kroetz: Stücke 259

Krolow: Ein Gedicht entsteht 95

Kücker: Architektur zwischen Kunst und Konsum 309

Kühn: Josephine 587
- N 93
- Die Präsidentin 858
- Siam-Siam 187
- Stanislaw der Schweiger 496
- Und der Sultan von Oman 758

Kundera: Abschiedswalzer 591
- Das Buch vom Lachen und Vergessen 868
- Das Leben ist anderswo 377

- Der Scherz 514
Laederach: Nach Einfall der Dämmerung 814
Langegger: Doktor, Tod und Teufel 879
Laqueur: Terrorismus 723
Laxness: Islandglocke 228
Le Fanu: Der besessene Baronet 731
- Maler Schalken 923
le·Fort: Die Tochter Jephthas und andere Erzählungen 351
Lem: Astronauten 441
- Das Hospital der Verklärung 731
- Das Katastrophenprinzip 999
- Der futurologische Kongreß 534
- Der Schnupfen 570
- Die Jagd 302
- Die Ratte im Labyrinth 806
- Die Stimme des Herrn 907
- Die Untersuchung 435
- Die vollkommene Leere 707
- Eine Minute der Menschheit 955
- Imaginäre Größe 658
- Memoiren, gefunden in der Badewanne 508
- Mondnacht 729
- Nacht und Schimmel 356
- Robotermärchen 856
- Solaris 226
- Sterntagebücher 459
- Summa technologiae 678
- Terminus 740
- Waffensysteme des 21. Jahrhunderts 998
- Über Stanisław Lem 586
Lenz, Hermann: Andere Tage 461
- Der Kutscher und der Wappenmaler 934
- Der russische Regenbogen 531
- Der Tintenfisch in der Garage 620
- Die Augen eines Dieners 348
- Die Begegnung 828
- Neue Zeit 505
- Tagebuch vom Überleben 659
- Verlassene Zimmer 436
Lepenies: Melancholie und Gesellschaft 63
Leutenegger: Ninive 685
- Vorabend 642
Lexikon der phantastischen Literatur 880
Liebesgeschichten 847
Link: Das goldene Zeitalter 704
- Die Reise an den Anfang der Scham 840
- Tage des schönen Schreckens 763
Literatur aus der Schweiz 450
Loerke: Die Gedichte 1049
Lovecraft: Cthulhu 29
- Berge des Wahnsinns 220
- Das Ding auf der Schwelle 357
- Die Katzen von Ulthar 625
- Die Stadt ohne Namen 694
- Der Fall Charles Dexter Ward 391
- In der Gruft 779
Mächler: Das Leben Robert Walsers 321
Mädchen am Abhang, Das: 630
Machen: Die leuchtende Pyramide 720
Majakowski: Her mit dem schönen Leben 766
Malson: Die wilden Kinder 55
Mao Dan: Shanghai im Zwielicht 920
de la Mare: Aus der Tiefe 982
Mayer: Außenseiter 736
- Georg Büchner und seine Zeit 58

- Richard Wagner in Bayreuth 480
Mayröcker. Ein Lesebuch 548
Maximovič: Die Erforschung des Omega-Planeten 509
McCall: Jack der Bär 699
Meier: Der schnurgerade Kanal 760
- Die Toteninsel 867
Mein Goethe 781
Mercier: Das Jahr 2440 676
Meyer: Die Rückfahrt 578
- Eine entfernte Ähnlichkeit 242
- In Trubschachen 501
- Ein Reisender in Sachen Umsturz 927
Miller: Das Drama des begabten Kindes 950
- Am Anfang war Erziehung 951
- Du sollst nicht merken 952
- Bilder einer Kindheit 1158
Miłosz: Verführtes Denken 278
Minder: Kultur und Literatur in Deutschland und Frankreich 397
Mitscherlich: Massenpsychologie ohne Ressentiment 76
- Thesen zur Stadt der Zukunft 10
- Toleranz – Überprüfung eines Begriffs 213
Mitscherlich (Hg.): Bis hierher und nicht weiter 239
Molière: Drei Stücke 486
Mommsen: Goethe und 1001 Nacht 674
- Kleists Kampf mit Goethe 513
Morante: Lüge und Zauberei 701
Moser: Gottesvergiftung 533
- Grammatik der Gefühle 897
- Lehrjahre auf der Couch 352
- Stufen der Nähe 978
Muschg: Albissers Grund 334

- Baiyun 902
- Entfernte Bekannte 510
- Fremdkörper 964
- Gegenzauber 665
- Gottfried Keller 617
- Im Sommer des Hasen 263
- Liebesgeschichten 164
- Noch ein Wunsch 735
Myrdal: Politisches Manifest 40
Nachtigall: Völkerkunde 184
Nachwehen. Verständigungstexte 855
Neruda: Liebesbriefe an Albertina Rosa 829
Nesvadba: Die absolute Maschine 961
Nizon: Im Hause enden die Geschichten. Untertauchen 431
Nossack: Das kennt man 336
- Der jüngere Bruder 133
- Nach dem letzten Aufstand 653
- Spirale 50
- Um es kurz zu machen 255
Örkény: Interview mit einem Toten 837
Offenbach: Sonja 688
Onetti: Das kurze Leben 661
Overbeck: Krankheit als Anpassung 973
Oviedo (Hg.): Lateinamerika 810
Owen: Wohin am Abend? 908
Painter: Marcel Proust, 2 Bde. 561
Paus (Hrsg.): Grenzerfahrung Tod 430
Payne: Der große Charlie 569
Pedretti: Harmloses, bitte 558
- Heiliger Sebastian 769
Penzoldts schönste Erzählungen 216
- Die Kunst das Leben zu lieben 267
- Die Powenzbande 372

Pfeifer: Hesses weltweite Wirkung 506
Phaïcon 3 443
Phaïcon 4 636
Phaïcon 5 857
Phantasma 826
Phantastische Träume 954
Plenzdorf: Die Legende vom Glück ohne Ende 722
– Die Legende von Paul & Paula 173
– Die neuen Leiden des jungen W. 300
– Gutenachtgeschichte 958
– Karla 610
Plank: Orwells 1984 969
Plessner: Diesseits der Utopie 148
– Die Frage nach der Conditio humana 361
– Zwischen Philosophie und Gesellschaft 544
Poe: Der Fall des Hauses Ascher 517
Polaris 4 460
Polaris 5 713
Polaris 6 842
Polaris 7 931
Politzer: Franz Kafka. Der Künstler 433
Portmann: Biologie und Geist 124
Prangel (Hg.): Materialien zu Döblins »Alexanderplatz« 268
Prinzhorn: Gespräch über Psychoanalyse zwischen Frau, Dichter, Arzt 669
Proust: Briefe zum Leben: 2 Bde. 464
– Briefe zum Werk 404
– Die Entflohene 918
– Die Gefangene 886
– Die Welt der Guermantes: 2 Bde. 754

– Im Schatten junger Mädchenblüte: 2 Bde. 702
– In Swanns Welt 644
– Sodom und Gomorra: 2 Bde. 822
Psycho-Pathographien des Alltags 762
Puig: Der schönste Tango 474
– Der Kuß der Spinnenfrau 869
Pütz: Peter Handke 854
Quarber Merkur 571
Rama (Hg.): Der lange Kampf Lateinamerikas 812
Ramos: Karges Leben 667
Rathscheck: Konfliktstoff Arzneimittel 189
Recht: Verbrecher zahlen sich aus 706
Regler: Das große Beispiel 439
Reinshagen: Das Frühlingsfest 637
– Sonntagskinder 759
Ribeiro: Maíra 809
Rochefort: Eine Rose für Morrison 575
– Frühling für Anfänger 532
– Kinder unserer Zeit 487
– Mein Mann hat immer recht 428
– Das Ruhekissen 379
– Zum Glück gehts dem Sommer entgegen 523
Rodoreda: Auf der Plaça del Diamant 977
Rodriguez, Monegal (Hg.): Die Neue Welt 811
Rossanda: Einmischung 921
Rosei: Landstriche 232
– Reise ohne Ende 875
– Wege 311
Rottensteiner (Hg.): Blick vom anderen Ufer 359
– Die andere Zukunft 757

Roumain: Herr über den Tau 675
Rüegg: Antike Geisteswelt 619
Rühle: Theater in unserer Zeit Bd. 1 325
– Bd. 2: Anarchie in der Regie 862
Russell: Autobiographie I 22
– Autobiographie II 84
– Autobiographie III 192
– Eroberung des Glücks 389
Russische Liebesgeschichten 738
Rutschky (Hg.): Jahresbericht 1982 871
– Jahresbericht 1983 974
Sanzara: Das verlorene Kind 910
Sarraute: Zeitalter des Mißtrauens 223
Schattschneider: Zeitstopp 819
Schiffauer: Die Gewalt der Ehre 894
Schimmang: Das Ende der Berührbarkeit 739
– Der schöne Vogel Phönix 527
Schleef: Gertrud 942
Schneider: Der Balkon 455
– Elisabeth Tarakanow 876
– Der Friede der Welt 1048
– Die Hohenzollern 590
– Macht und Gnade 423
Schmidt, G.: Selektion in der Heilanstalt 945
Über Reinhold Schneider 504
Schultz (Hg.): Politik ohne Gewalt? 330
– Wer ist das eigentlich – Gott? 135
Schur: Sigmund Freud 778
Scorza: Trommelwirbel für Rancas 584
Semprun: Der zweite Tod 564
– Die große Reise 744
– Was für ein schöner Sonntag 972

Shaw: Der Aufstand gegen die Ehe 328
– Der Sozialismus und die Natur des Menschen 121
– Die Aussichten des Christentums 18
– Politik für jedermann 643
– Wegweiser für die intelligente Frau... 470
Smith: Saat aus dem Grabe 765
– Herren im All 888
– Planet der Toten 864
Soriano: Traurig, Einsam und Endgültig 928
Spectaculum 1-15 900
Sperr: Bayrische Trilogie 28
Spuk: Mein Flirt... 805
Steiner, George: Der Tod der Tragödie 662
– Sprache und Schweigen 123
Steiner, Jörg: Ein Messer für den ehrlichen Finder 583
– Schnee bis in die Niederungen 935
– Strafarbeit 471
Sternberger: Panorama oder Ansichten vom 19. Jahrhundert 179
– Heinrich Heine und die Abschaffung der Sünde 308
– Über den Tod 719
Stierlin: Adolf Hitler 236
– Das Tun des Einen ist das Tun des Anderen 313
– Delegation und Familie 831
– Eltern und Kinder 618
Stolze: Innenansicht 721
Strätz: Frosch im Hals 938
Strausfeld (Hg.): Aspekte zu José Lezama Lima »Paradiso« 482
Strawinsky 817
Strehler: Für ein menschlicheres Theater 417

Strindberg: Ein Lesebuch für die niederen Stände 402
Struck: Die Mutter 489
– Lieben 567
– Trennung 613
Strugatzki: Die Schnecke am Hang 434
– Montag beginnt am Samstag 780
– Picknick am Wegesrand 670
– Fluchtversuch 872
– Die gierigen Dinge des Jahrhunderts 827
– Der ferne Regenbogen 956
Stuckenschmidt: Schöpfer der neuen Musik 183
– Maurice Ravel 353
– Neue Musik 657
Suvin: Poetik der Science-fiction 539
Suzuki: Leben aus Zen 846
Szillard: Die Stimme der Delphine 703
Tendrjakow: Mondfinsternis 717
– Die Nacht nach der Entlassung 860
Timmermans: Pallieter 400
Tod per Zeitungsannonce 889
Ulbrich: Der unsichtbare Kreis 652
Unseld: Hermann Hesse – Eine Werkgeschichte 143
– Begegnungen mit Hermann Hesse 218
– Peter Suhrkamp 260
Unseld (Hg.): Wie, warum und zu welchem Ende wurde ich Literaturhistoriker? 60
– Bertolt Brechts Dreigroschenbuch 87
– Zur Aktualität Walter Benjamins 150
– Erste Lese-Erlebnisse 250

Unterbrochene Schulstunde. Schriftsteller und Schule 48
Utschick: Die Veränderung der Sehnsucht 566
Vargas Llosa: Das grüne Haus 342
– Der Hauptmann und sein Frauenbataillon 959
– Die Stadt und die Hunde 622
Vidal: Messias 390
Vogt: Schnee fällt auf Thorn 755
Vossler: Geschichte als Sinn 893
Waggerl: Brot 299
– Das Jahr des Herrn 836
Waley: Lebensweisheit im Alten China 217
Walser: Martin: Das Einhorn 159
– Das Schwanenhaus 800
– Der Sturz 322
– Die Anselm Kristlein Trilogie, 3 Bde. 684
– Ein fliehendes Pferd 600
– Ein Flugzeug über dem Haus 612
– Gesammelte Stücke 6
– Halbzeit 94
– Jenseits der Liebe 525
– Seelenarbeit 901
Walser: Robert: Briefe 488
– Der Gehülfe 813
– Geschwister Tanner 917
– Jakob von Gunten 851
– Der »Räuber«-Roman 320
– Poetenleben 388
Über Robert Walser 1 483
Über Robert Walser 2 484
Über Robert Walser 3 556
Warum lesen 946
Watts: Der Lauf des Wassers 878
Weber-Kellermann: Die deutsche Familie 185
Weg der großen Yogis, Der: 409

Weill: Ausgewählte Schriften 285
Weischedel: Skeptische Ethik 635
Weiss: Peter: Das Duell 41
– Der andere Hölderlin. Materialien zu Weiss' »Hölderlin« 42
Weiß: Ernst: Der Aristokrat 792
– Der arme Verschwender 795
– Der Fall Vukobrankovics 790
– Der Gefängnisarzt 794
– Der Verführer 796
– Die Erzählungen 798
– Die Feuerprobe 789
– Die Galeere 784
– Die Kunst des Erzählens 799
– Franziska 785
– Georg Letham 793
– Ich – der Augenzeuge 797
– Männer in der Nacht 791
– Mensch gegen Mensch 786
– Nahar 788
– Tiere in Ketten 787
Weisser: SYN-CODE-7 764
– Digit 873
Weltraumfriseur, Der: 631
Wie der Teufel den Professor holte 629
v. Wiese: Das Gedicht 376
Winkler: Menschenkind 705
Wolf: Pilzer und Pelzer 466
Wollseiffen: König Laurin 695
Zeemann: Einübung in Katastrophen 565
– Jungfrau und Reptil 776
ZEIT-Bibliothek der 100 Bücher 645
ZEIT-Gespräche 520
ZEIT-Gespräche 2 770
Zengeler: Schrott 922
Die andere Zukunft 757
Zulawski: Auf dem Silbermond 865
– Der Sieger 916
– Die alte Erde 968